Speed

해외여행 · 출장 · 배낭여행을 위한 가이드 북!

TRAVEL
ENGLISH

여행 영어

| 영어교재 연구원 편 |

아이템북스

Preface

해외여행을 하면서 어떻게 말을 해야 정확하게 의사를 전달할 수 있을까라는 문제로 여행에 앞서 미리 겁을 먹는 경우가 많다. 그것은 아마도 여행할 나라의 문화나 습관을 잘 모르기 때문에 생긴 결과이다. 우리말을 그대로 영어로 옮겨서는 안 된다. '말'이 아니라 '대화의 진행 방법'이 다르기 때문에 오해가 생기거나 상대를 불쾌하게 만들어 버린다.

그래서 해외여행을 떠나기 전에 유럽이나 미국 등의 문화의 사고를 기초로 한 행동이 필요하게 된 것이다. 언어도 그저 통하면 된다는 생각을 가져서는 안 된다. 상대의 사고 패턴에 맞는 표현을 쓰고 싶다면 그러한 영어나 매너가 몸에 익혀져야 한다.

따라서 이 책은 호텔이나 식당을 비롯하여 쇼핑, 관광 등, 여러분이 접하게 될 서비스업 사람뿐만 아니라, 현지 사람들의 의견을 충분히 반영하였다.

이 책의 특징은……

1. 즉석에서 활용할 수 있도록 일상생활에서 쓰이는 기본 회화는 물론이고, 여행시 부딪치는 상황을 각 장면별로 짜임새 있게 구성하였다.
2. 영어 발음을 잘 모르는 사람도 사용할 수 있도록 원음에 충실하게 우리말로 표기하였다.
3. 여행시 도움이 되는 정보를 간략하게 실었다.
4. 각 장면별로 필요한 어휘를 수록하였다.

2002. 4

CONTENTS

기본 회화

인사에 관한 표현	14
사람을 부를 때	15
소개할 때	16
방문·초대할 때	18
헤어질 때	20
고마움을 표현할 때	22
동의·거절을 할 때	23
사죄의 표현	25
축하·위로의 표현	26
상호 이해의 표현	27
날씨에 관한 표현	28
시간에 관한 표현	29
날짜에 관한 표현	30
의뢰·허가의 표현	31
간단한 질문의 표현	33
여행에 도움이 되는 표현	37

도착까지

기내에서 (1)	44
기내에서 (2)	46
비행기를 갈아탈 때	48
입국심사	50
짐이 없어졌을 때	52
세관에서	54
환전을 할 때	56
호텔을 찾을 때	58
공항에서 호텔까지	60

호텔에서

- 호텔에서의 체크인 …… 64
- 체크인 트러블 …… 66
- 호텔에서의 룸서비스 …… 68
- 호텔에서의 국제전화 …… 70
- 거리에서의 국제전화 …… 72
- 호텔에서의 체크아웃 …… 74
- 호텔에서의 트러블 …… 76
- 엽서를 보낼 때 …… 78

식당에서

- 식당을 찾을 때 …… 82
- 식당을 예약할 때 …… 84
- 식당 입구에서 테이블까지 …… 86
- 음식을 주문할 때 (1) …… 88
- 음식을 주문할 때 (2) …… 90
- 식사 중에 …… 92
- 식당에서의 트러블 …… 94
- 식당에서의 계산 …… 96
- 패스트푸드점에서 …… 98
- 바에서 …… 100

쇼핑

- 쇼핑의 기본 회화 (1) …… 104
- 쇼핑의 기본 회화 (2) …… 106
- 물건값을 흥정할 때 …… 108
- 옷가게에서 …… 110

- 가방가게에서 112
- 여행 소모품점에서 114
- 보석・액세서리 116
- 스포츠 용품점에서 118
- 물건의 교환・반품 120
- 시내 면세점에서 122

관광・스포츠

- 미술관에서 126
- 사진을 찍을 때 128
- 극장・콘서트 130
- 야간 관광 132
- 스포츠 관전 134
- 테니스・골프 136
- 승 마 138
- 낚시・크루징 140
- 해양 스포츠 142
- 스 키 144

교 통

- 길을 물을 때 (1) 148
- 길을 물을 때 (2) 150
- 길을 헤맬 때 152
- 길을 물어왔을 때 154
- 택시를 탈 때 156
- 시내버스를 탈 때 158
- 지하철을 탈 때 160

- 관광버스를 탈 때 … 162
- 열차를 탈 때 … 164
- 열차를 탔을 때 … 166
- 비행기를 탈 때 … 168
- 렌터카를 빌릴 때 … 170
- 드라이브 … 172
- 자동차 트러블 … 174

트러블

- 의사를 부를 때 … 178
- 증상을 설명할 때 (1) … 180
- 증상을 설명할 때 (2) … 182
- 보험과 약 … 184
- 도난을 당했을 때 … 186
- 분실·사고를 당했을 때 … 188

귀국

- 항공권예약 재확인 … 192
- 항공편 변경 … 194
- 공항까지 … 196
- 물건을 놓고 왔을 때 … 198
- 탑승 수속 … 200
- 공항 면세점에서 … 202
- 귀국 비행기 안에서 … 204

해외여행 준비

외국을 여행할 경우에는 무엇보다 우리나라와 언어, 사회, 문화, 환경, 기후, 교통 상황 등 모든 면에서 다르므로 잘 대처해야 한다.
요즘 해외여행의 급증에 따라 각종 사고가 잇달아 발생하고 있어 여행지에서 문제가 생기지 않도록 각자 주의해야 하며, 여행 일정에 따른 여행 계획을 철저하게 숙지해야 한다.

① 여행의 목적, 시기, 방법은 구체적으로 결정되었는가?
② 여행의 목적에 따른 사전 여행 정보는 수집되었는가?
③ 항공권, 비자, 여권 등의 각종 서류는 재확인하였는가?
④ 여행 준비물, 건강 상태, 연락처 등을 점검하였는가?
⑤ 여행 전에 자신의 주변 정리가 어느 정도 완료되었는가?

■ 비자와 여권 신청

여행을 하기 전에 반드시 사전 수속을 해야 하는 것들이 있다. 그것은 여권, 비자, 병역 확인서 등을 신청하여 발급받는 일이다.

(1) 여권 (passport)

여권은 외국을 여행할 때 여행자의 신분과 국적을 증빙하고, 그 보호를 의뢰하는 문서로써 해당 기관 즉, 외무부 여권과 및 시청, 구청, 군청 등에서 발급받는다.

▶ **여권 발급시의 구비서류**

① 여권 발급 신청서 : 1부
② 여권용 사진 : 2매
③ 발급 비용 : 45,200원
④ 주민 등록증이나 운전 면허증, 구 여권
⑤ 주민 등록 등본 : 2통
⑥ 병무 확인서

* 여권 발급에 소요되는 기간은 4~5일이나 성수기에는 7~10일 정도가 걸린다.
* 여권의 유효기간 : 5년
* 외무부 여권과 : Tel(02)733-2114, 720-2735

(2) 비자(visa)

비자는 여행하고자 하는 국가 기관(대사관)에 의뢰하면 입국을 허가하는 공식 문서로서 여행 목적에 따라 관광 비자(15일 이내)와 상용 비자(15일 이상)로 구분하여 발급된다.

▶ 비자 발급시의 구비 서류

① 여권
② 여권용 사진 : 1매
③ 주민 등록증(증명서)
④ 초청장
⑤ 발급 비용 : 15,000원(8일 소요), 35,000원(3일 소요)

(3) 병무 확인서

우리나라는 병역의 의무가 있으므로 반드시 만 30세 미만일 경우 확인서 및 허가서가 필요하다.

① 만 18세 미만
　부모의 여권 발급 동의서, 부모의 안감 증명서
② 만 30세 미만 군필자
　국외 여행 신고 확인서(동사무소 발급)
③ 만 30세 미만 미필자
　국외 여행 허가서(해당 병무청 발급)

■ 출국 수속 절차

출국 수속 절차는 세관 ⇒ 출국 심사 ⇒ 검역 등의 순서에 따라 행해진다. 이를 통상적으로는 CIQ, 즉 세관(Customs), 출국 심사(Immigration), 검역(Quarantine)의 머리글자를 따서 부른다.
그러나 입국 수속은 출국 수속의 역순으로 즉, 검역 ⇒ 입국 심사 ⇒ 세관 등의 순으로 행해진다.

(1) 세관(Customs)

항공기 탑승 절차를 마치면 여권, 출국 신고서, 잔여 항공권, 탁송

확인된 수화물표(claim tag), 좌석이 지정된 탑승권을 되돌려 받아 확인하고, 출발 시간 20분 전까지 기내 휴대품과 기타 출국 지참 서류 등을 재차 점검하고, 출국 대합실로 간다.
그 곳에 가서 기내 휴대품(hand carry bag)과 보안 검색원에 의한 보안 절차를 마치고 세관 출국 신고를 해야 한다. 이때 휴대품 중 시계, 보석 반지, 카메라류, 고급 의류 등 고가품이 있을 경우 준비된 세관 신고서 이면에 해당 품목을 기재하여 여권과 함께 탑승권을 제출, 세관 담당자에게 확인 신고필인(custom stamp)을 받음으로써 귀국 및 재입국시 휴대반출 신고 품목에 대한 면세 조치를 받게 된다.

(2) 출·입국 심사(Immigration)

세관 신고를 마친 후에는 법무부 출국 심사대에 탑승권, 여권, 출입국 신고서(E/D Card)를 제출하면 심사를 거쳐 출국 요건 적합자인 경우에 한하여 여권 및 출입국 신고서에 출국해도 좋다는 날인을 해준다.
이때 출입국 신고서의 한 쪽은 심사관이 절취하고, 다른 한 쪽은 여권에 부착해 두었다가 귀국(재입국)시 사용하도록 되어 있다.

(3) 검역(Quarantine)

출국 절차 중 마지막으로 통과해야 할 관문은 검역이다. 최근에는 특별한 법정 전염병이 선포된 지역에서 오는 여행자 이외에는 검역을 생략하는 것이 관례로 되어 있다.

▣ 시차의 적응

해외 여행중에서 가장 신경써야 할 일이 바로 비행시차(Jet Lag)를 극복하는 일이다. 비행기를 타고 여러 시간대를 비행함으로 인해 여행자가 출발할 때의 시간 개념이 도착 지점에 이르러 파괴됨으로써 생물학적 신체리듬이 부조화를 일으키게 된다. 따라서 피로감, 졸림, 불면증, 집중력 장애 등을 유발하며, 심지어 무력감, 우울증, 판단력 등에도 영향을 미치게 됨으로써 성공적인 여행에 지장을 초래하게 된다.

특히 비즈니스맨, 여행자, 외교 사절, 운동선수, 해외 근로자 등은 이러한 비행시차 증후군(Jet Lag Symptoms)에 시달린 경험을 가지고 있으리라 생각된다.

가령 같은 1시간의 여행이라도 동쪽으로 날아가면 현지 시간상으로 2시간이 소요되고, 반대로 서쪽으로 날아가면 소요 0시간이라는 이상한 현상이 일어나게 되며, 특히 시차는 생체의 리듬을 바꾸어 놓는다. 잠시 수면을 취한 뒤 바로 아침이 되는 경우도 있다. 구미 방면으로 해외 여행할 경우 현지 도착 당일 대부분의 사람들이 심한 수면 부족으로 괴로움을 겪는 경우를 종종 보게 된다.

지구 일주의 경도 360도를 24시간으로 나누어 15도마다 1시간씩 차이를 둔 것이 시차인데 런던 교외의 그리니치를 기준으로 경도 0도를 정하고, 시간(time)은 그리니치 표준 시간(Greenwich Mean Time : GMT)에 의해 정해지며, 이곳을 기준으로 하여 동쪽으로 경도 15도마다 1시간씩 늘리고, 서쪽으로 경도 15도 마다 1시간씩 줄이는 각지의 시간을 지역 표준시간(Local Standard Time), 줄여서 LST라고 한다. 한국 시간은 동경 135도의 시간을 지역 표준시간으로 삼고 있으며, 런던과 한국과의 시차는 9시간 정도이다. 한국처럼 땅덩어리가 작은 나라는 별 문제가 없겠지만 동서로 넓게 퍼져 있는 미국이나 소련 등지에서는 당연히 국내에서도 시차가 생긴다. 미국 본토에는 서경 75도, 90도, 105도, 120도의 네 개의 경선이 통과하며, 동부(EST), 중부(CST), 산악(MST), 태평양(PST)의 네 가지 표준시간을 갖고 있으니 말이다.

여행자, 운동선수, 사업가들을 위해 그 해소 방안을 제시해 본다.

▶ 시차의 원인
① 시차로 인해 밤(어둠)과 낮(빛)의 부조화 유발
② 이차적으로 피로, 수면부족, 신체의 장애 발생

▶ 시차의 현상
① 여행 시간대의 수 : 남북으로의 이동은 시차와 무관하며, 동서로 이동할 때 시차 현상이 일어난다.
② 여행의 방향 : 우리나라를 기준으로 동쪽으로 여행을 하면 서쪽의 경우에 비해 시차적응이 어렵다.

▶ 시차의 해소
①도구 : 눈가리개, 광선챙(light visor), 선글라스
②일반적인 규칙 : 출발 시간의 수면 기간을 도착 시간(현지 시간)의 수면 기간에 차츰 맞추어 생활하면 시차적응이 가능해진다. 다시 말하면 아래 표에 나타난 것처럼 짧은 여행에서는 별문제가 아니나 3개 이상의 시간대를 횡단했을 때 수면 기준시간(약 7시간) 동안에는 될 수 있는 대로 빛에 노출되는 것을 삼가고, 부득이한 경우를 제외하고 선글라스나 광선챙을 써서 시차를 극복하도록 한다.

▶ 동쪽으로 밤에 이동할 경우의 시차적응

구 분	출발시간	소요시간	현지도착시간
3개의 시간대	오후 10시	5시간	오전 6시(7시)
4개의 시간대	오후 10시	6시간	오전 8시(8시)
5개의 시간대	오후 10시	7시간	오전 10시(9시)
6개의 시간대	오후 10시	8시간	오전 12시(10시)
7개의 시간대	오후 10시	9시간	오전 3시(11시)

* 도착했을 때 괄호안의 시간에 활동을 하면 된다.

기본 회화

인사에 관한 표현
사람을 부를 때
소개할 때
방문·초대할 때
헤어질 때
고마움을 표현할 때
동의·거절을 할 때
사죄의 표현
축하·위로의 표현
상호 이해의 표현
날씨에 관한 표현
시간에 관한 표현
날짜에 관한 표현
의뢰·허가의 표현
간단한 질문의 표현
여행에 도움이 되는 표현

인사에 관한 표현

- 안녕하십니까? (아침)

    Good morning.
    굿모닝.

- 안녕하십니까? (낮)

    Good afternoon.
    굿 애프터눈.

- 안녕하십니까? (저녁)

    Good evening.
    굿 이브닝.

- 안녕히 주무세요.

    Good night.
    굿 나잇.

- 안녕!

    Hi!
    하이!

- 안녕하셨어요?

    How are you?
    하- 아 유?

- 예, 잘 있어요. 감사합니다. 당신은요?

    I'm fine, thank you. And you?
    아임 파인, 땡큐. 앤 뉴?

사람을 부를 때

- 홍씨! (남성)

  Mr. Hong!
  미스터 홍!

- 홍씨! (기혼 여성) / 홍양! (미혼 여성)

  Mrs. Hong! / Miss. Hong!
  미시즈 홍! / 미스 홍!

- 여러분!

  Everybody!
  에브리바디!

- 홍 교수님!

  Professor Hong!
  프로페서 홍!

- 홍 선생님! (의사)

  Dr. Hong!
  닥터 홍!

- 여보세요!

  Hello!
  헬로우!

- 실례합니다.

  Excuse me.
  익스큐즈 미.

기본 회화

소개할 때

- 처음 뵙겠습니다.

  How do you do?
  하우 두 유 두?

- 만나 뵙게 돼서 기쁩니다.

  Nice to meet you.
  나이스 밋츄.

- 저야말로 반갑습니다.

  Same here.
  세임 히어.

- 제 소개를 하겠습니다.

  Let me introduce myself.
  렛 미 인트로듀스 마이셀프.

- 홍씨를 소개하겠습니다.

  Let me introduce Mr. Hong.
  렛 미 인트로듀스 미스터 홍.

- 소개해 주십시오.

  Please introduce him.
  플리즈 인트로듀스 힘.

- 성함은 어떻게 되십니까?

  May I have your name?
  메- 아이 헤뷰어 네임?

- 저는 홍길동이라고 합니다.

  My name is Kil-dong Hong.
  마이 네이미즈 길동 홍.

- 저는 한국인입니다.

  I'm a Korean.
  아임머 코리언.

- 무슨 일을 하십니까?

  What do you do?
  왓 두 유 두.

- 저는 회사원입니다.

  I'm an office worker.
  아이먼 아피스 워커.

- 저는 여행 중입니다.

  I'm on a tour.
  아임 오너 투어.

- 주소는 어떻게 됩니까?

  Where do you live?
  웨어 두 유 리브?

- 어디서 오셨습니까?

  Where are you from?
  웨어라유 후럼?

- 저는 한국 서울에서 왔습니다.

  I'm from Seoul in Korea.
  아임 후럼 서울 인 코리어.

기본 회화

방문·초대할 때

- 10일에 찾아뵙고 싶습니다.

    I'd like to call on you on the 10th.
    아이드 라익 투 코론뉴 온 더 텐쓰.

- 실례가 되지 않을까요?

    I hope I'm not disturbing you.
    아이 홉 아임 낫 디스터빙 유.

- 언제 찾아뵈면 좋을까요?

    When shall I call on you?
    웬 쉐라이 콜 온뉴.

- 몇 시쯤이면 좋겠어요?

    What time will be convenient for you?
    왓 타임 윌 비 컨비니언 훠 유?

- 그럼 그 시간에 찾아뵙겠습니다.

    I'll call on you at that time then.
    아일 코론뉴 앳 댓 타임 댄.

- 공항까지 모시러 가겠습니다.

    I'll meet you at the airport.
    아일 미츄 앳 더 에어폿.

- 기꺼이 찾아뵙겠습니다.

    I'll be glad to call on you.
    아일 비 글래러 코론뉴.

- 마이크 씨는 계십니까?

  Is Mr. Mike in?
  이즈 미스터 마이크 인?

- 잘 오셨습니다.

  I'm very glad to see you.
  아임 베리 글래러 씨 유.

- 어서 들어오세요.

  Please come in.
  플리즈 커민.

- 어서 앉으세요.

  Please take a seat.
  플리즈 테이커 씻.

- 편안히 쉬세요.

  Make yourself at home.
  메이큐어셀 앳 홈.

- 초대해 주셔서 감사합니다.

  Thank you very much for your invitation.
  땡큐 베리 머치 풔 유어 인비테이션.

- 변변치 않은 물건입니다만 받으십시오.

  This is a small present for you.
  디씨즈 어 스몰 프레젼 풔 유?

- 매우 즐거웠습니다.

  I had a wonderful time.
  아이 해더 원더풀 타임.

기본 회화

헤어질 때

- 안녕히 가세요(계세요).

    Good-bye.
    굿 바이.

- 잘 지내세요.

    Good luck.
    굿 럭.

- 그럼 또 만납시다.

    See you again.
    씨 유 겐.

- 그럼 내일 또 봅시다.

    See you tomorrow.
    씨 유 투메로우.

- 가까운 시일 내에 다시 만납시다.

    See you soon.
    씨 유 쑨.

- 조심해서 가세요.

    Take care.
    테익 케어.

- 안녕히 주무세요.

    Good night.
    굿 나잇.

- 그럼 이만 실례하겠습니다.

  I must be going soon.
  아이 머슷 비 고잉 쑨.

- 또 오십시오.

  Please come again.
  플리즈 컴 어게인.

- 차로 모시겠습니다.

  I'll take you in my car.
  아일 테이큐 인 마이 카.

- 역까지 모셔다 드릴까요?

  Shall I take you to the station.
  쉘라이 테이큐 투 더 스테이션.

- 또 만납시다.

  Let's meet again.
  렛츠 밋 어게인.

- 김씨에게 안부 전해 주세요.

  Give my best wishes to Mr. Hong.
  깁 마이 베슷 위쉬스 투 미스터 홍.

- 그렇게 전해 드리겠습니다.

  I certainly will.
  아이 써턴리 윌

- 즐거운 하루를 보내십시오.

  Have a nice day.
  해버 나이스 데이.

기본 회화

고마움을 표현할 때

🔵 고마워요.

Thank you.
땡큐.

🔵 대단히 감사합니다.

Thank you very much.
땡큐 베리 머치.

🔵 천만에요.

You're welcome.
유어 웰컴.

🔵 괜찮아요.

That's all right.
댓츠 올 롸잇.

🔵 아뇨, 저야말로요.

Don't mention it.
돈 맨션 잇.

🔵 수고하셨습니다.

Thanks a lot.
땡스 얼랏.

🔵 친절히 해 주셔서 감사합니다.

That's very kind of you.
댓츠 베리 카인돕뷰.

동의·거절을 할 때

○ 네.
  Yes.
  예쓰.

○ 좋아요.
  That' very fine.
  댓츠 베리 화인.

○ 물론이죠.
  Of course.
  옵 코즈.

○ 그래요, 옳아요.
  That's right.
  댓츠 롸잇.

○ 그것으로 충분해요.
  That's enough.
  댓츠 인나프.

○ 훌륭해요.
  That's wonderful.
  댓츠 원더풀.

○ 좋습니다.
  That's fine.
  댓츠 파인.

기본 회화

- 아뇨.
  No.
  노.

- 아뇨, 괜찮습니다.
  No, thank you.
  노, 땡큐.

- 그럴 필요가 없습니다.
  That won't be necessary.
  댓 원 비 내씨써리.

- 천만에 말씀입니다.
  Far from it.
  화 프럼 잇.

- 절대로 안 됩니다!
  No way!
  노 웨이!

- 설마 그럴까요!
  No kidding!
  노 키딩!

- 아마 그럴 겁니다.
  Maybe so.
  메이비 쏘.

- 생각해 보겠습니다.
  I'll think about it.
  아일 씽커바우딧.

사죄의 표현

- 미안합니다.
  Excuse me.
  익스큐즈 미.

- 실례했습니다.
  I'm sorry.
  아임 쏘리.

- 제가 잘못했습니다.
  That's my mistake.
  댓츠 마이 미스테익.

- 뭐라고 사과의 말씀을 드려야 좋을지 모르겠습니다.
  I have no words to express my apology.
  아이 해브 노 워즈 투 익스프레스 마이 어팔러지.

- 제발 나쁘게 생각하지 말아 주십시오.
  Please don't take me wrong.
  플리즈 돈 테익 미 롱.

- 당신 탓이 아닙니다.
  That's not your fault.
  댓츠 낫 유어 폴트.

- 내 탓이 아닙니다.
  That's not my fault.
  댓츠 낫 마이 폴트.

기본 회화

축하·위로의 표현

- 축하합니다.

    Congratulations!
    컹그래츄레이션스!

- 생일을 축하합니다.

    Happy birthday!
    해피 버쓰레이!

- 진심으로 축하드립니다.

    My hearty congratulations!
    마이 하티 컹그래츄레이션스!

- 새해 복 많이 받으세요.

    Happy new year!
    해피 뉴 이어!

- 진심으로 애도를 표합니다.

    Please accept my sincere condolences.
    플리즈 억셉 마이 씬써리 콘돌런스.

- 정말로 안 됐군요.

    I'm very sorry to hear that.
    아임 베리 쏘리 투 히어 댓.

- 몸조리 잘 하세요.

    Please take care of yourself.
    플리즈 테익 케어롭 유어셀프.

상호 이해의 표현

- 알겠습니다.

  I see.
  아이 씨.

- 모르겠습니다. (이해)

  I don't understand.
  아이 돈 언더스탠.

- 모르겠습니다.

  I don't know.
  아이 돈 노.

- 영어를 할 줄 아세요.

  Do you speak English.
  두 유 스피크 잉글리시.

- 영어를 조금 할 줄 압니다.

  I speak English a little.
  아이 스피크 잉글리시 어 리틀.

- 다시 한번 말씀해 주세요.

  Would you say it again?
  우쥬 쎄이 잇 어게인.

- 제가 말하는 걸 알겠습니까?

  Do you understand me?
  두 유 언더스탠 미?

기본 회화

날씨에 관한 표현

- 날씨가 좋군요.

    It's a nice day.
    잇처 나이스 데이.

- 활짝 개어서 상쾌하군요.

    It's a nice and delightful day, isn't it?
    잇쳐 나이샌 딜라이풀 데이, 이즈닛?

- 날씨가 흐리군요.

    It's cloudy.
    잇츠 클라우디.

- 비가 내리는군요.

    It's raining.
    이츠 레이닝.

- 비가 올 것 같군요.

    It looks like rain.
    잇 룩스 라익 레인.

- 바람이 세군요.

    It's windy.
    잇츠 윈디.

- 날씨가 덥군요 / 흐리군요.

    It's hot. / It's cold.
    잇츠 핫. / 잇츠 콜드.

시간에 관한 표현

- 몇 시입니까?

  What time is it?
  왓 타이미짓.

- 1시입니다.

  It's one o'clock.
  이츠 원 어클락.

- 정각 3시입니다.

  It's exactly three o'clock.
  잇츠 이그잭리 쓰리 어클락.

- 4시 10분 좀 지났어요.

  It's ten past four.
  잇츠 텐 패숫 훠.

- 5시 5분전입니다.

  It's five to five.
  잇츠 화이브 투 화이브.

- 7시 반입니다.

  It's half past seven.
  잇츠 하프 패숫 세븐.

- 몇 시에?

  At what time?
  앳 왓 타임?

기본 회화

날짜에 관한 표현

- 오늘은 며칠입니까?

    What date is it today?
    왓 데잇 이짓 투데이?

- 오늘은 16일입니다.

    It's the 16th today.
    잇츠 더 식스틴쓰 투데이.

- 오늘은 무슨 요일입니까?

    What day of the week is it today?
    왓 데이 옵 더 위크 이짓 투데이?

- 오늘은 일요일입니다.

    It's Sunday today.
    잇츠 썬데이 투데이.

- 지금 몇 월입니까?

    What month is this?
    왓 먼쓰 이즈 디스?

- 생일은 언제입니까?

    When were you born?
    웬 워 유 본?

- 저는 1960년 10월 26일에 태어났습니다.

    I was born on October 26, 1960.
    아이 워스 본 온 옥토버 퇴니시스, 나인틴 식스티.

의뢰·허가의 표현

- 어서 들어오세요.

  Please, come in.
  플리즈 커민.

- 잠깐 기다려 주세요.

  Just a moment, please.
  져슷 모먼, 플리즈.

- 먼저 들어가세요.

  Go ahead, please.
  고 어헤드, 플리즈.

- 이것을 보여 주세요.

  Show this to me, please.
  쇼 디스 투 미, 플리즈.

- 커피를 주세요.

  Give me a cup of coffee.
  기브 미 어 커퍼 코피.

- 차라도 마십시다.

  Let's have a cup of tea.
  렛츠 해버 커퍼 티.

- 지금 가도 됩니까?

  Can I go now?
  캐나이 고 나우?

기본 회화

- 담배를 피워도 되겠습니까?

  May I smoke?
  메- 아이 스모크?

- 창문을 열어도 / 닫아도 되겠습니까?

  May I open / close the window?
  메- 아이 오픈 / 클로즈 더 윈도우?

- 여기에 앉아도 되겠습니까?

  Can I sit here?
  캐나이 씻 히어?

- 함께 영화를 보러 가지 않겠습니까?

  How about going to the movie together?
  하우바웃 고잉 투 더 무비 투게더?

- 시간 있으세요?

  Are you free?
  아 유 후리?

- 도와 드릴까요?

  Shall I help you?
  쉐라이 헬퓨?

- 도와주시겠어요?

  Would you please help me?
  유쥬 플리즈 헬프 미?

- 이걸로 됐어요?

  Will this be all right?
  윌 디스 비 올 롸잇?

간단한 질문의 표현

- 왜?
  Why?
  와이?

- 무엇?
  What?
  왓?

- 무엇 때문에?
  What for?
  왓 훠?

- 무엇입니까?
  What is this?
  와리스 디스?

- 어디?
  Where?
  웨어?

- 어디에?
  Where to?
  웨어 투?

- 어디에서?
  Where from?
  웨어 후럼?

기본 회화

- 누구?

  Who?
  후?

- 누구에게?

  Whom?
  훔?

- 누구하고?

  With who? / With whom?
  윗 후? / 잇 훔?

- 어떻게?

  How?
  하우?

- 언제?

  When?
  왠?

- 어느 것입니까?

  Which?
  휘치?

- 어느 쪽입니까?

  Which way?
  휘치 웨이?

- 지금이요?

  Now?
  나우?

● 저 말씀입니까?

Me?
미?

● 당신입니까?

You?
유?

● 몇 사람입니까?

How many persons?
하우 메니 퍼슨?

● 몇 개?

How much?
하우 머치?

● 얼마나(가격이나 양을 물어볼 때)?

How much is it?
하우 머치 이즈 잇?

● 얼마나(수를 물어볼 때)?

How many?
하우 메니?

● 얼마나 오래 걸립니까?

How long does it take?
하우 롱 더짓 테익?

● 얼마나 큽니까?

How tall are you?
하우 톨 아유?

기본 회화

- 얼마나 멉니까?

  How far?
  하우 화?

- 얼마입니까?

  How much?
  하우 머치?

- 어째서 그렇습니까?

  Why so?
  와이 쏘?

- 그래서 어떻게 되었습니까?

  So What?
  쏘 왓?

- 그렇게 많이?

  So much?
  쏘 머치?

- 그렇게 빨리(속도)?

  So fast?
  쏘 훼슷?

- 그렇게 일찍?

  So early?
  쏘 어얼리?

- 그렇게 늦게?

  So late?
  쏘 래잇?

여행에 도움이 되는 표현

- 한국은 참 좋은 나라인데요.

  Korea is a fine country.
  코리어 이져 화인 컨츄리?

- 서울호텔에 묵고 있어요.

  I'm staying at the Seoul Hotel.
  아임 스테잉 앳 더 써울 호텔.

- 저는 관광으로 왔어요.

  I came here for sightseeing.
  아이 케임 히어 훠 싸잇씽.

- 저는 업무로 왔어요.

  I came here for business.
  아이 케임 히어 훠 비지니스.

- 이 쪽으로 오세요.

  This way, please.
  디스 웨이, 플리즈.

- 당신은 어디서 오셨어요?

  Where are you from?
  웨어라유 후럼?

- 저는 한국에서 왔어요.

  I'm from Korea.
  아임 후럼 코리어.

기본 회화

성함이 어떻게 되시죠?
Would you tell me your name?
우쥬 텔 미 유어 네임?

뉴욕에서 사세요?
Do you live in New York?
두 율리빈 뉴욕.

연세는 어떻게 되세요?
How old are you?
하우 올다유?

학생이에요?
Are you a student?
아 유어 스튜던?

전화번호를 가르쳐 주세요
Please give me your phone number.
플리즈 깁 미 유어 폰 넘버.

전화를 걸어도 괜찮아요?
May I call you?
메- 아이 콜뉴?

주소를 가르쳐 주세요
Please give me your address.
플리즈 깁미 유어 어드레스.

편지 쓰겠어요.
I'll write to you.
아일 라잇 투 유.

- 참 즐거웠어요.
  I really had a good time.
  아이 리얼리 해더 굿 타임.

- 즐거운 여행 하세요.
  Have a good trip.
  헤버 굿 트립.

- 또 만납시다.
  I hope we can meet again.
  아이 홉 위 캔 미러게인.

- 안녕히 계세요.
  Good-bye.
  굿바이.

- 부디.
  Please.
  플리즈.

- ~해 주시겠어요?
  Would you ~, please?
  우쥬~, 플리즈?

- 여기가 어디에요?
  Where am I now?
  웨어래마이 나우?

- 이것은 뭐예요?
  What is this?
  와리즈 디스?

기본 회화

- 얼마에요?

    How much is it?
    하우 머치 이짓?

- 종이에 써 주세요.

    Please write it down.
    플리즈 라이릿 다운.

- 잠깐만 기다려 주세요.

    Please wait a moment.
    플리즈 웨이러 모먼.

- 화장실은 어디에요?

    Where is the rest room?
    웨어리즈 더 레숫 룸?

- 팁을 받으세요.

    This is for you.
    디씨즈 훠 유.

- 담배 피워도 좋아요?

    May I smoke?
    메- 아이 스모크?

- 담배를 피우는 곳은 어디에요?

    Where can I smoke?
    웨어 캐나이 스모크?

- 여기 앉아도 되나요?

    May I sit down here?
    메- 아이 씻 다운 히어?

- 오늘은 휴일이에요?

  Is it closed today?
  이짓 클로즈드 투데이?

- 오늘은 영업이 끝났어요?

  Is it already closed today?
  이짓 올래디 클로우즈드 투데이?

- 언제 영업을 시작하지요?

  When do you open?
  웬 두 유 오픈?

- 저는 한국 사람이에요.

  I'm a Korean.
  아이머 코리언.

- 내일 시간이 있으세요?

  Are you free tomorrow?
  아 유 프리 투마로우?

- 당신의 이름은 뭐예요?

  What is your name?
  와리즈 유어 네임?

- 짐을 맡기는 곳은 어디에요?

  Where can I leave my things?
  웨어 캐나이 리브 마이 씽스?

- 이 근방에 코인로커 있어요?

  Is there a coin locker around here?
  이즈 데어러 코인 로커 어롸운 히어?

기본 회화

TOPIC

입국심사 장소는?

도착하면 "Arrival"이라는 표시를 따라간다. 다른 승객도 가기 때문에 따라서 가면 된다. 입국심사 장소가 Alien(외국인)과 내국인으로 나뉘어 있고 물론, 외국인 쪽에 선다.

질문은 세 가지

입국심사는 한 사람씩 심사관 앞에서 하기 때문에 긴장하는 사람도 있지만 무서워할 필요는 없다. 우선 심사관에게 '안녕하세요?' 등 밝게 인사를 하고 안심하자.
심사관은 여행자가 가지고 있는 여권과 비자 그리고 돈은 얼마나 가지고 있는가, 그런 것을 알고 싶을 뿐이다. 그리고 세계 어느 곳도 가더라도 질문하는 것은 세 가지. 그것은 여행 목적, 체재 기간, 체재 장소이다.

세관에서 오해받지 않기 위해서

담당자는 권총이나 마약 등 소지가 금지되어 있는 물건을 여행자가 소지하고 있는가를 조사하는 것이다. 그러니 보통 여행자는 걱정하지 않아도 된다. 다만 가지고 가는 상비약(특히 분말로 된 것)으로 마약은 아닐까 의심받을 만한 것은 의사나 약사의 증명서를 받아두는 것이 좋다. 그밖에 한국에서 가져가는 식료품 등도 설명이 필요할지도 모른다.

도착까지

기내에서 (1)
기내에서 (2)
비행기를 갈아탈 때
입국심사
짐이 없어졌을 때
세관에서
환전을 할 때
호텔을 찾을 때
공항에서 호텔까지

기내에서 (1)

비행기가 이륙하면 기수를 올려 일정 고도에 도달할 때까지 상승한다. 수평 비행으로 이동한 후에 음료나 각종 기내 서비스가 행해진다.

◐ 마실 것을 드릴까요?
   Would you like a drink?
   우쥴 라익커 드링?

◐ 어떤 종류의 음료가 있습니까?
   What kind of drinks do you have?
   왓 카인돕 드링스 두 유 해브?

---

① (스튜어디스를 부를 때) 여보세요!

② (스튜어디스) 무얼 드시겠습니까?

③ 맥주는 있습니까?

④ 어떤 브랜드입니까?

⑤ 오렌지주스를 하나 더 주세요.

⑥ (스튜어디스) 치킨으로 하시겠어요, 비프로 하시겠어요?

⑦ 비프로 주세요.

필수 단어

우유	milk	밀크
식사	meal	밀
담배	cigarette	씨가렛
재떨이	ashtray	애쉬트래이
모포	blanket	블랭킷
배게	pillow	필로우
코드 구멍	outlet	아울릿
이어폰	headset	헤드셋

필수 표현

① Excuse me!
익스큐즈 미

② What would you like to drink?
왓 우쥴 라익 투 드링?

③ Do you have beer?
두 유 해브 비어?

④ Which brand do you have?
위치 브랜 두 유 해브?

⑤ Another orange juice, please.
어나더 오렌지 쥬스, 플리즈.

⑥ Chicken or beef?
치킨 오어 비프?

⑦ Beef, please.
비프, 플리즈.

도착까지

기내에서 (2)

기내에서는 여러 가지 서비스가 행해질 뿐만 아니라, 간단한 선물을 할 수 있는 면세품을 구입할 수가 있다.

◐ 여보세요. 헤드폰이 없습니다.
   Excuse me. I don't have a headset.
   잇스큐즈 미. 아이 돈 해버 해드셋.

◐ 오, 죄송합니다. 갖다 드리겠습니다.
   Oh, sorry about that. I'll get you one.
   오, 쏘리 어바웃 댓. 아일 겟츄 원.

---

① 빈자리로 옮겨도 될까요?

② 식사 전에 깨워 주세요.

③ 한국어 잡지는 있습니까?

④ 비행기 멀미약은 있습니까?

⑤ 어떤 담배가 있습니까?

⑥ (면세품 사진을 가리키며) 이건 있습니까?

⑦ (무엇을 사는 경우) 한국 돈을 받습니까?

필수 단어

통로 좌석	aisle seat	어짜일 씻
창가 좌석	window seat	윈도우 씻
비어있음	vacant	베이컨
사용중	occupied	오큐파이드
구명동의	life jacket	라이프 재킷
안전벨트	seat belt	씻 벨트
금연석	non-smoking section	난 스모킹 섹션
흡연석	smoking section	스모킹 섹션

필수 표현

① Can I move to that vacant seat?
캐나이 무브 투 댓 베이컨 씻?

② Wake me up before meals.
웨이크 미 업 비훠 밀스.

③ Do you have Korean magazines?
두 유 해브 코리언 메거진?

④ Do you have medicine for airsickness?
두 유 해브 메디슨 휘 에어씨크니스?

⑤ What cigarettes do you have?
왓 씨가렛츠 두 유 해브?

⑥ Do you have this?
두 유 해브 디스?

⑦ Do you accept Korean won?
두 유 엑셉 코리언 원?

도착까지

비행기를 갈아탈 때

급유나 승무원의 교대를 위해 공항에 들르는 것을 Transit라고 한다. 기내에서 기다리는 경우도 있지만 대개는 비행기에서 내려 대기실에서 기다린다.

● 접속편 탑승구가 어디입니까?
Where is the gate for the connection flight?
웨어리즈 더 게잇 훠 더 커넥션 플라잇?

● 13번 게이트로 가십시오.
Go to gate 13, please.
고 투 게잇 써틴, 플리즈.

① (스튜어디스에게) 모두 내립니까?

② 탑승시간은 몇 시입니까?

③ 게이트는 몇 번입니까?

④ 어느 정도 기다려야 합니까?

⑤ 제 비행은 예정 대로입니까?

⑥ 레스토랑은 어디에 있습니까?

⑦ (탑승권을 보이며) 이 비행기입니까?

필수 단어

승객	passenger	패씬져
짐	baggage	배기쥐
비행시간	flying time	플라잉 타임
이륙	take off	테이콥
착륙	landing	랜딩
도착	arrival	어라이벌
출발	departure	디파춰
편명	flight	플라잇

필수 표현

① All the passengers get off the plane?
올 더 패씬져 게롭 더 플레인?

② When is the boarding time?
웨니즈 더 보딩 타임?

③ What's the gate number?
왓츠 더 게잇 넘버?

④ How long must I wait?
하우 롱 머슷 아이 웨잇?

⑤ Is my flight on schedule?
이즈 마이 플라잇 온 스케쥴?

⑥ Where's a restaurant?
웨어져 레스터런?

⑦ Is this my flight?
이즈 디스 마이 플라잇.

도착까지

입국심사

입국심사를 받을 때는 보통 여행의 목적, 기간, 머무는 장소 등, 정해진 질문을 하므로 특별히 문제가 없는 한 걱정할 필요는 없다.

◐ 여권 좀 보여 주시겠습니까?
  May I see your passport, please?
  메- 아이 씨 유어 패스폿, 플리즈?

◑ 네, 여기 있습니다.
  Here you are, sir?
  히어 유 아, 써?

---

① (심사관) 여행 목적은 무엇입니까?

② 관광(일, 홈스테이, 유학)입니다.

③ (심사관) 어느 정도 체재합니까?

④ 10일간 (1주일)입니다.

⑤ (심사관) 어디에 체재합니까?

⑥ 쉐라톤 호텔(친구 집)에 머뭅니다.

⑦ (심사관) 돌아가는 항공권을 보여 주세요.

필수 단어

입국심사	passport control	패스폿 컨트롤
직업	occupation, job	오큐페이션, 잡
국적	nationality	내셔널티
독신	single	씽글
결혼한	married	메리드
성	family name	패밀리 네임
이름	first name	퍼숫 네임
예방접종 증명서	immunization card	이뮤니제이션 카드

필수 표현

① What's the purpose of your visit?
왓츠 더 퍼포즙 유어 비짓?

② Sightseeing (Business, Home-stay, Studying).
싸잇씽 (비지니스, 홈스테이, 스터딩)

③ How long are you going to stay?
하우 롱 아 유 고잉 투 스테이?

④ For ten days (one week).
휙 텐 데이즈 (원 위크).

⑤ Where are you going to stay?
웨어라유 고잉 투 스테이?

⑥ At the Sheraton (my friend's house).
앳 더 쉐라톤 (마이 후렌즈 하우스).

⑦ Would you show me your return ticket?
우쥬 쇼 미 유어 리턴 티킷?

짐이 없어졌을 때

회전대(carousel)에서 자신의 짐이 보이질 않을 때는 우선 당황하지 말고 담당자에게 수화물 보관증을 보여 주면 대부분 찾을 수가 있다.

◐ 가방이 보이지 않습니다.
I can't find my suitcase.
아이 캔 화인 마이 슛케이스.

◐ 수화물 보관증을 보여 주세요.
Let me see your claim tag.
렛 미 씨 유어 클레임 텍.

① 짐이 보이지 않습니다.

② 짐이 없어져 버렸습니다.

③ ABC항공의 카운터는 어디입니까?

④ 편명을 가르쳐 주세요.

⑤ ABC항공의 942편입니다.

⑥ 쉐라톤 호텔에 머물 예정입니다.

⑦ 저는 거기에 8월 7일까지 머뭅니다.

필수 단어

유실물 취급소	Lost and Found office	로슷 앤 파운드 오피스
표찰	name tag	네임 텍
예정	schedule	스케쥴
연락하다	contact	컨택
조사하다	check	첵
공중전화	public phone	퍼블릭 폰
회전 컨베이어	carousel	캐러셀
보고서	report	리폿

필수 표현

① I can't find my baggage.
아이 캔 파인 마이 베기쥐.

② My baggage is missing.
마이 베기쥐즈 미씽

③ Where's the ABC counter?
웨어즈 더 에비씨 카운터?

④ What's your flight?
왓츄어 플라잇?

⑤ My flight was ABC 942.
마이 플라잇 워즈 에이비씨 나인 포 투.

⑥ I'm staying at the Sheraton.
아임 스테잉 앳 더 쉐라톤.

⑦ I'll stay there until August 7th.
아일 스테이 데어 언틸 오거스트 세븐쓰.

도착까지

세관에서

세관에서는 주로 마약, 총포류 등 그 나라에 가지고 들어와서는 안 되는 물건이 있는지 없는지 조사한다. 경우에 따라 가방을 열어서 조사하기도 한다.

◐ 가방을 열어 주십시오. 이것은 무엇입니까?
 Open your bag, please. What's this?
 오픈 유어 백, 플리즈. 왓츠 디스?

◑ 인스턴트 라면입니다.
 Instant noodle.
 인스턴 누들.

---

① (세관원) 무슨 신고할 것을 가지고 있습니까?

---

② 아니오, 없습니다.

---

③ 네, 이것입니다.

---

④ (세관원) 이 가방에 무엇이 들어 있습니까?

---

⑤ 일용품입니다.

---

⑥ 어디에서 관세를 지불하면 됩니까?

---

⑦ 관세는 얼마입니까?

필수 단어

세관신고서	customs declaration form	커스텀스 디컬레이션 휨
관세	duty	듀티
무세	duty-free	듀티 프리
면세품	duty-free goods	듀티 프리 굿즈
선물	gift	기프트
일용품	personal articles	퍼스널 아티클스
창구	cashier	캐셔
여행용 가방	trunk, suitcase	트렁크, 슛케이스

필수 표현

① Anything to declare?
애니씽 투 디클래어?

② No, nothing.
노, 낫씽.

③ Yes, this one.
예스, 디스 원.

④ What do you have in this bag?
왓 두 유 해브 인 디스 백?

⑤ I have some daily necessities.
아이 해브 썸 데일리 니쎄써티스.

⑥ Where should I pay the duty?
웨어 슈다이 페이 더 듀티?

⑦ How much is the duty?
하우 머치 이즈 더 듀티?

도착까지

환전을 할 때

환전은 출발하기 전에 대부분 환전을 한다. 하지만 도착 후 가장 필요한 것이 잔돈이다. 필요한 만큼 도착 공항에서 환전을 해 두는 것도 좋다.

◐ 1,000달러 여행자수표가 필요합니다.
I need 1,000dollars in traveler's checks.
아이 니드 싸우즌 달러즈 인 트래블러즈 첵스.

◐ 알겠습니다. (1,000 달러 짜리를) 어떻게 해 드릴까요?
All right. How would you like it?
올 라잇 하우 유쥬 라익킷?

---

① 환전소는 어디입니까?

② 환전을 부탁합니다.

③ 교환율은 어느 정도입니까?

④ 이걸 파운드로 바꿔 주세요.

⑤ 잔돈도 섞어 주세요.

⑥ 이걸 20달러 지폐 5장으로 바꿔 주세요.

⑦ 지금 환전할 수 있는 곳을 알고 있습니까?

필수 단어

20센트	quarter	쿼터
10센트	dime	다임
5센트	nickel	니켈
1센트	penny	페니
은행	bank	뱅크
환전	exchange	익스체인쥐
수수료	service fee	써비스 피
잔돈	change	체인쥐

필수 표현

① Where's the money changer?
  웨어즈 더 머니 체인쥐?

② Exchange, please.
  익스체인쥐, 플리즈.

③ What's the rate of exchange?
  왓츠 더 래잇 옵 익스체인쥐.

④ Into pounds, please.
  인투 파운즈, 플리즈.

⑤ With some change, please.
  위드 썸 체인쥐, 플리즈.

⑥ Would you break this into five twenties?
  우쥬 브레익 디스 인투 파이브 퇀티스?

⑦ Where can I change money now?
  웨어 캐나이 체인쥐 머니 나우?

도착까지

호텔을 찾을 때

출발 전에 호텔 예약을 하지 않았다면, 도착하여 공항 내에 있는 관광안내소에서 자신이 원하는 숙박처를 소개받도록 한다.

◐ 예약을 부탁합니다.
　Reservations, please.
　레저베이션스, 플리즈.

◐ 예, 손님 성함이 어떻게 됩니까?
　OK. Your name, please?
　오케이. 유어 네임, 플리즈?

① 관광안내소는 어디입니까?

② 역 근처의 호텔을 부탁하고 싶은데요.

③ 방값은 얼마입니까?

④ 아침 식사비도 포함되어 있습니까?

⑤ 그 호텔은 어떻게 갑니까?

⑥ 오늘 싱글 룸은 있습니까?

⑦ 어디서 호텔 버스를 기다리면 됩니까?

필수 단어

관광안내소	tourist information	투어리슷 인포메이션
안전한 장소	safe area	세이프 에어리어
값비싼	expensive	익스펜씨브
값싼	inexpensive	인익스펜씨브
청결한	clean	클린
장소	location	로케이션
포함하다, 넣다	including	인클라우딩
세금	tax	텍스

필수 표현

① Where's the tourist information?
웨어즈 더 투어리슷 인포메이션?

② I'd like a hotel near the station.
아이드 라이커 호텔 니어 더 스테이션.

③ How much is the room?
하우 머치 이즈 더 룸?

④ Is breakfast included?
이즈 블랙패슷 인클라우디드.

⑤ How can I get to the hotel?
하우 캐나이 겟 투 더 호텔?

⑥ Do you have a single room today?
두 유 해버 싱글 룸 투데이?

⑦ Where should I wait for your bus?
웨어 슈다이 웨잇 훠 유어 버스?

도착까지

공항에서 호텔까지

자신이 예약해 둔 호텔이나 방문지까지는 대중교통 수단인 공항 리무진버스나 열차, 택시 등을 이용한다. 호텔 셔틀버스도 이용할 수 있다.

◐ 힐튼 호텔로 가려면 어떻게 하죠?
How can I go to the Hilton Hotel?
하우 캐나이 고 투 더 힐튼 호텔?

◑ 셔틀버스를 타시면 거기에 가실 수 있습니다.
You can get there by shuttle bus.
유 캔 겟 데어 바이 셔틀 버스.

① 택시 승강장은 어디에 있습니까?

② 쉐라톤 호텔까지 부탁합니다.

③ 버스 타는 곳은 어디에 있습니까?

④ (버스를 가리키며) 힐튼 호텔로 가는 공항버스입니까?

⑤ 힐튼 호텔은 몇 번째입니까?

⑥ 다운타운까지 얼마입니까?

⑦ 여기서 내리겠습니다.

필수 단어

화장실	restroom	레슛룸
택시 승강장	taxi stand	택시 스탠드
버스 타는 곳	bus stop	버스 스탑
리무진	limousine	리무진
공항버스	airport bus	에어폿 버스
시내버스	city bus	시티 버스
중심가	downtown	다운타운
내리다	get off	게롭

필수 표현

① Where's the taxi stand?
웨어즈 더 택시 스탠?

② To the Sheraton Hotel, please.
투 더 쉐라톤 호텔, 플리즈.

③ Where's the bus stop?
웨어즈 더 버스 탑?

④ Airport bus to the Hilton?
에어폿 버스 투 더 힐튼?

⑤ How many stops to the Hilton?
하우 메니 스탑스 투 더 힐튼?

⑥ How much to downtown?
하우 머치 투 다운타운?

⑦ I get off here.
아이 게롭 히어.

도착까지

TOPIC

예약은 필요한가?

시즌 중 유명관광지가 아니면 방을 구하는 데는 그리 어렵지 않다. 현지에 빨리 도착해서 호텔을 찾으면 OK.
그러나 시즌 중에는 출발하기 전에 예약해 두는 것이 좋다. 체크인도 그리 늦지 않게 하는 것이 좋다. 시즌 중에는 해약을 생각해서 여분으로 예약을 받아두는 경우가 있다. 즉 이중 예약이다. 그래서 연락도 없이 체크인을 늦게 하면 예약을 취소당해 당황하는 경우가 있다.

호텔에서의 매너

호텔 복도는 바깥 거리와 똑같이 생각해야 한다. 파자마 차림으로 돌아다니는 것은 창피스러운 일이다. 밤늦게 술에 취해 큰소리로 노래를 부르며 다니는 것도 삼가야 한다.
서구에서는 종업원과 손님, 그리고 손님들 간에도 만나면 '안녕하세요.'라고 기분 좋게 인사하는 것이 매너이다.

호텔에서의 안전대책

외출에서 돌아왔을 때 프런트에서 이름과 방 번호를 큰 소리로 외치는 것은 안 된다. 어디서 누가 듣고 있는지 모른다. 타인에게 이름이나 방 번호를 기억시키는 것은 그다지 좋은 일은 아니다. 그리고 문을 누가 두드렸을 때 확인 없이 문을 열어주어서는 안 된다. 들여다보는 구멍으로 확인하고 방문걸이 줄을 풀지 않은 상태로 연다. 이것이 해외에서 호텔 방문을 올바르게 여는 방법이다.

호텔에서

호텔에서의 체크인
체크인 트러블
호텔에서의 룸서비스
호텔에서의 국제전화
거리에서의 국제전화
호텔에서의 체크아웃
호텔에서의 트러블
엽서를 보낼 때

호텔에서의 체크인

호텔에 도착하면 먼저 접수처에서 예약이 되어 있는지를 확인하고, 숙박부에 이름과 주소 등을 기입한다.

● 안녕하십니까? 무엇을 도와 드릴까요?
  Good evening, May I help you?
  굿 이브닝 메이 아이 헬퓨?

◐ 서울에서 예약한 홍길동입니다.
  My name is Kil-dong Hong, and I made the reservation in Seoul.
  마이 네이미즈 길동 홍 앤 아이 메이더 레저베이션 인 써울.

① 체크인하고 싶은데요.

② 예약했습니다.

③ (프런트) 성함을 말씀해 주십시오.

④ 홍길동입니다.

⑤ (프런트) 이 숙박 카드에 기입해 주십시오.

⑥ (프런트) 지불은 어떻게 하시겠습니까?

⑦ 신용카드로 지불하겠습니다.

필수 단어

예약	reservation	레저베이션
예약확인증	confirmation slip	컨퍼메이션 슬립
사인	signature	씨그네춰
보증금	deposit	디파짓
숙박카드	registration card	레지스트레이션 카드
기입하다	fill in	필 인
귀중품 보관소	safety box	세이프티 박스
신용카드	credit card	크레딧 카드

필수 표현

① I'd like to check in.
아이드 라익 투 체킨.

② I have a reservation.
아이 해버 레저베이션.

③ May I have your name?
메- 아이 해뷰어 네임?

④ My name is Kil-dong Hong.
마이 네이미즈 길동 홍.

⑤ Please fill in the registration card.
플리즈 필린 더 레지스트레이션 카드.

⑥ How would you like to pay for the charge?
하우 우쥬 라익 투 페이 훠 더 차쥐?

⑦ I'll pay with my credit card.
아일 페이 윗 마이 크레딧 카드.

호텔에서

체크인 트러블

특히 관광시즌 중에는 미리 호텔에 전화를 해두지 않으면, 호텔 측에서 예약을 취소해버리는 경우가 있으므로 주의해야 한다.

◐ 예약을 하셨습니까?
　Do you have a reservation?
　두 유 해버 레저베이션?

◐ 안 했습니다. 오늘밤 방이 있습니까?
　No, I don't, but do you have a room for tonight?
　노, 아이 돈, 벗 두 유 해버 룸 훠 투나잇?

① (도착이 늦을 때) 8시에 도착합니다.

② 예약은 취소하지 마세요.

③ (예약되어 있지 않을 때) 다시 한번 제 예약을 살펴 주세요.

④ 방을 취소하지 않았습니다.

⑤ 방값을 이미 지불했습니다.

⑥ 이것이 예약확인증입니다.

⑦ 다른 호텔을 찾으세요.

필수 단어

늦추다, 연기하다	delay	딜레이
취소하다	cancel	캔쓸
예약하다	reservation	레저베이션
조사하다	check	첵
철자	spelling	스펠링
도착	arrival	어라이벌
관광	sightseeing	싸잇씽
예산	budget	버짓

필수 표현

① I'll arrive at your hotel at eight.
아일 어라이브 앳 유어 호텔 앳 에잇.

② Please don't cancel my reservation.
플리즈 돈 캔쓸 마이 레저베이션.

③ Check my reservation again, please.
첵 마이 레저베이션 어게인, 플리즈.

④ I didn't cancel the room.
아이 디든 캔쓸 더 룸.

⑤ I've already paid for the room.
아이브 얼래디 페이드 풔 더 룸.

⑥ Here's the confirmation slip
히어즈 더 컨훠메이션 슬립.

⑦ Would you refer me to another hotel?
우쥬 레퍼 미 투 어나더 호텔?

호텔에서

호텔에서의 룸서비스

좀 피곤하거나 식당까지 가는 것이 귀찮거나, 또는 늦잠을 자서 방에서 아침식사를 하고 싶을 때는 룸서비스를 부탁하면 편리하다.

◐ 룸서비스입니다. 무엇을 도와 드릴까요?
　Room service. Can I help you?
　룸 써비스. 캐나이 핼퓨?

◑ 예, 내일 아침 식사를 부탁드리고 싶습니다.
　Yes, I want to have breakfast tomorrow morning.
　예스, 아이 원 투 해버 블랙퍼슷 투마로우 모닝.

---

① 룸서비스를 부탁합니다.

② 내일 8시에 아침을 먹고 싶은데요.

③ 계란 프라이와 커피를 부탁합니다.

④ 여기는 1214호실입니다.

⑤ 어느 정도 시간이 걸립니까?

⑥ 뜨거운 물을 가져오세요.

⑦ 세탁 서비스는 있습니까?

필수 단어

계산서	bill	빌
얼음	some ice	썸 아이스
병따개	bottle opener	바틀 오프너
깡통따개	can opener	캔 오프너
마실 것	drinks	드링스
요리	dishes	디쉬즈
비상구	emergency exit	이머전씨 엑셋
세탁물 봉지	laundry bag	론더리 백

필수 표현

① Room service, please.
룸 써비스, 플리즈.

② Breakfast at 8 a.m. tomorrow morning, please.
블랙퍼슷 앳 에잇 에이엠 투마로우 모닝, 플리즈.

③ I'd like to have fried eggs and coffee.
아이드 라익 튜 해브 프라이드 에그즈 앤 커피.

④ This is Room 1214.
디씨즈 룸 틔엘브포틴.

⑤ How long will it take?
하우 롱 윌 잇 테익?

⑥ Would you bring me boiling water?
우쥬 브링 미 보일링 워러?

⑦ Do you have valet service?
두 유 해브 밸릿 써비스?

호텔에서

호텔에서의 국제전화

국제 다이얼 통화를 할 수 있는 호텔이라면 그대로 다이얼만 돌리면 된다. 그렇지 않는 호텔에서는 교환을 불러서 부탁하면 된다.

◐ 교환입니다. 무엇을 도와 드릴까요?
  Operator, How can I help you?
  오퍼레이터, 하우 캐나이 핼퓨?

◐ 컬렉트콜로 서울 321-1234의 김인호씨를 부탁합니다.
  Collect call to In-ho Kim, number Seoul 321-1234.
  콜렉트 콜 투 인호 킴, 넘버 써울 쓰리투원 원투쓰리훠.

① 한국에 전화를 걸고 싶은데요.

② (교환수) 번호를 말씀하세요.

③ 지명통화로 부탁해요.

④ (교환수) 어느 분을 불러 드릴까요?

⑤ 홍길동 씨를 부탁합니다.

⑥ (교환수) 당신의 성함과 방 번호를 말씀해 주세요.

⑦ (교환수) 그대로 기다리십시오.

필수 단어

교환수	operator	오퍼레이터
번호통화	station to station	스테이션 투 스테이션 콜
지명통화	person to person call	퍼슨 투 퍼슨 콜
수신자부담 지명통화	collect call	콜렉 콜
시내전화	local call	로컬 콜
국제전화	international call	인터내셔널 콜
방 번호	room number	룸 넘버
통화료	phone charge	폰 차쥐

필수 표현

① I'd like to make a phone call to Korea.
아이드 라잌 투 메이커 폰 콜 투 코리어.

② What's the number?
왓츠 더 넘버?

③ By person to person call, please
바이 퍼슨 투 퍼슨 콜, 플리즈.

④ To whom are you calling?
투 훔 아 유 콜링?

⑤ Mr. Kil-dong Hong.
미스터 길동 홍.

⑥ Your name and room number, please.
유어 네임 앤 룸 넘버, 플리즈.

⑦ Hold on, please.
홀돈, 플리즈.

호텔에서

거리에서의 국제전화

거리에서 한국으로 전화를 할 경우 공중전화에서 국제통화가 가능한 것을 찾든가, 아니면 우체국이나 전화국에서 할 수 있다.

◐ 안녕하세요. 힐튼 호텔입니다.
  Good morning. Hilton Hotel.
  굿 모닝. 힐튼 호텔.

◐ 235호실을 연결해 주십시오.
  Would you connect me with the room number 235?
  우쥬 컨넥 미 위 더 룸 넘버 투 쓰리 화이브?

① (공중전화에서) 이 전화로 한국에 걸 수 있습니까?

② 돈을 얼마 넣으면 됩니까?

③ (전화국·우체국에서) 한국에 전화하고 싶은데요.

④ 컬렉트콜로 부탁합니다.

⑤ 어느 정도 시간이면 한국에 걸립니까?

⑥ (직원) 3번 박스에서 말씀하십시오.

⑦ 전화요금은 얼마입니까?

필수 단어

공중전화	pay phone	페이 폰
동전	coin	코인
전화카드	telephone card	텔러폰 카드
현지시간	local time	로컬 타임
동전을 넣다	deposit	디파짓
국번호	country code	컨트리 코드
시외국번	area code	에어리어 코드
통화	call	콜

필수 표현

① Can I call Korea with this telephone?
캐나이 콜 코리어 윗 디스 텔러폰?

② How much should I deposit?
하우 머치 슈다이 디파짓.

③ I'd like to call, Korea.
아이드 라익 투 콜, 코리어.

④ By collect call, please.
바이 콜렉트 콜, 플리즈.

⑤ How long does it take to call Korea?
하우 롱 더짓 테익 투 콜 코리어?

⑥ Please go to booth No.3.
플리즈 고 투 부스 넘버 쓰리.

⑦ How much was the charge?
하우 머치 워즈 더 차쥐?

호텔에서

호텔에서의 체크아웃

체크아웃을 원활히 하기 위해서는 미리 전화로 프런트에 방 번호와 이름을 말하며, 체크아웃을 하겠다고 밝혀두는 게 좋다.

◐ 235호실입니다. 체크아웃을 하고 싶습니다.
 I'd like to check-out now. My room number is 235.
 아이드 라익 투 체카웃 나우. 마이 룸 넘버 이즈 투 쓰리 화이브.

◐ 홍씨이군요. 열쇠를 주시겠습니까?
 Mr. Hong? May I have the key?
 미스터 홍? 메- 아이 해브 더 키?

① (전화로) 체크아웃을 하고 싶은데요.

② 1214호실 홍길동입니다.

③ 포터를 부탁합니다.

④ 이 신용카드로 지불하고 싶은데요.

⑤ (청구서를 보고) 이건 잘못된 것 아닙니까?

⑥ 장거리전화를 하지 않았습니다.

⑦ 영수증을 주시겠어요?

필수 단어

짐	baggage	배기쥐
포터	porter	포터
청구서	bill	빌
지불하다	pay	페이
현금	cash	캐쉬
여행자수표	traveler's check	트래블러즈 첵
신용카드	credit card	크레딧 카드
영수증	receipt	리씻

필수 표현

① Check out, please.
   체카웃, 플리즈.

② My name is Kil-dong Hong, Room 1214.
   마이 네이미즈 길동 홍, 룸 튀엘브 포틴.

③ A porter, please.
   어 포터, 플리즈.

④ I'd like to pay with this card.
   아이드 라익 투 페이 윗 디스 카드.

⑤ I think there's a mistake here.
   아이 씽크 데어져 미스테익 히어.

⑥ I didn't make any long distance calls.
   아 디든 메익 에니 롱 디스턴스 콜스.

⑦ Can I have a receipt?
   캐나이 해버 리씻?

호텔에서

호텔에서의 트러블

관광을 나가거나 식사를 하러 나가는 경우, 귀중품은 반드시 지니고 다니거나, 프런트에 있는 귀중품보관소에 맡겨두어야 한다.

◐ 무엇을 도와 드릴까요?
What can I do for you?
왓 캐나이 두 훠 유?

◐ 방에 열쇠를 둔 채 잠궈 버렸습니다.
I've locked my key in my room.
아이브 로키드 마이 키 인 마이 룸.

① 마스터키를 부탁합니다.

② 열쇠가 잠겨 방에 들어갈 수 없습니다.

③ 뜨거운 물이 나오지 않습니다.

④ 화장실 물이 흐르지 않습니다.

⑤ 옆방이 매우 시끄럽습니다.

⑥ (그래서) 저는 잠을 잘 수 없습니다.

⑦ 방이 아직 청소되어 있지 않습니다.

필수 단어

에어컨	air-conditioner	에어 컨디셔너
물이 새다	water leaking	워러 리킹
방의 온도	room temperature	룸 템퍼러춰
비누	soap	쑤웁
타월	towel	타월
수도꼭지	faucet	퍼쎗
바퀴벌레	cockroaches	콕로취즈
열쇠	key	키

필수 표현

① The master key, please.
  더 마스터 키, 플리즈.

② I locked myself out.
  아 로키드 마이셀프 아웃.

③ There's no hot water.
  데어즈 노 핫 워러.

④ The toilet doesn't flush.
  더 토일릿 더즌 플래쉬.

⑤ The next room's very noisy.
  더 넥스트 룸스 베리 노이지.

⑥ I can't sleep.
  아이 캔트 슬립.

⑦ My room hasn't been cleaned yet.
  마이 룸 해즌 빈 클린드 옛.

호텔에서

엽서를 보낼 때

일부러 우체국에 가지 않아도 큰 호텔이라면 우표 자동판매기가 설치되어 있다. 안내원에게 우표 자동판매기가 있는 곳을 물어보면 된다.

◐ 엽서를 보내고 싶습니다.
  I want to send a post card.
  아이 원 투 샌더 포숫 카드.

◐ 어느 나라입니까?
  Which country?
  위치 컨트리?

---

① 이 근처에 우체국은 있습니까?

② 지금 열려 있습니까?

③ 우표는 어디서 살 수 있습니까?

④ 한국까지 항공편으로 보내 주세요.

⑤ 이 소포를 한국으로 보내고 싶은데요.

⑥ 요금은 얼마입니까?

⑦ 한국까지 선편으로 보내 주세요.

필수 단어

속달	express	익스프레스
등기	registered mail	레지스터드 메일
전보	telegram	텔레그램
수취인	receiver	리씨버
보내는 사람	sender	샌더
내용물	content	컨텐츠
풀	glue	글루
우편번호	zip code	짚 코드

필수 표현

① Is there a post office near here?
　이즈 데어러 포슷 오피스 니어 히어?

② Is it open now?
　이짓 오픈 나우?

③ Where can I buy stamps?
　웨어 캐나이 바이 스탬스?

④ By airmail to Korea, please.
　바이 에어메일 투 코리어, 플리즈.

⑤ I'd like to send this parcel to Korea.
　아이드 라익 투 샌드 디스 파쓸 투 코리어.

⑥ How much is the postage?
　하우 머치즈 더 포스티쥐?

⑦ By seamail to Korea, please.
　바이 씨메일 투 코리어, 플리즈.

호텔에서

TOPIC

맛있는 레스토랑 찾는 법

맛있는 식당을 찾으려면 우선 그 고장에서 사는 사람에게 물어보는 게 최고이다.
가이드북에 소개된 관광객이 많이 가는 가게는 가끔 좋지 않는 경우가 있다. 한 번밖에 오지 않는 관광객을 많이 상대하고 있는 레스토랑은 그다지 맛이나 서비스에 신경을 쓰지 않기 때문이다.
메뉴가 칠판 등에 적혀있는 가게도 맛있다. 그런 가게는 대부분 큰 길거리에서 조금 들어간 뒷골목에 많다.
메뉴를 볼 때 스프의 가격이 그 가게의 요리 전체의 가격을 아는 기본요금이라는 것을 알아두면 편리하다.

식사의 예약

한국에서는 예약을 필요로 하는 레스토랑은 아주 적지만 서구에서는 중류 이상의 레스토랑이면 예약하는 것이 보통이다. 그렇지 않으면 갑자기 배가 고파서 가게에 들어가더라도 오랜 시간 기다려야 한다.
호텔에 체류하고 있을 경우에는 호텔 내의 투어 데스크 등에서도 예약을 대신 해주지만 가능한 한 직접 해보도록 하자.
만일 예약하지 않고 레스토랑에 갔을 경우는 입구에서 예약을 한다. 레스토랑에 따라서는 대기실이 있는 곳도 있는데 거기서 가만히 기다리고 있다가는 영원히 식사를 할 수가 없다. 반드시 이름과 인원을 일러두어야 한다. 그러면 자리가 나는 대로 이름을 부르고 안내해 준다.

식당에서

식당을 찾을 때
식당을 예약할 때
식당 입구에서 테이블까지
음식을 주문할 때 (1)
음식을 주문할 때 (2)
식사 중에
식당에서의 트러블
식당에서의 계산
패스트푸드점에서
바에서

식당을 찾을 때

맛있는 식당을 찾으려면 호텔 프런트에서 묻는 것이 간단하지만, 거리를 돌아다니며 스스로 찾아보는 것도 여행의 즐거움이다.

◐ 점심 식사할 만한 좋은 식당을 소개해 주시겠어요?
　Can you recommend a good place for lunch?
　캔뉴 리커멘더 굿 플레이스 훠 런치?

◐ 뭘 드시고 싶으세요. 한식, 양식?
　What do you want to try? Korean? American?
　왓 두 유 원 투 트라이? 코리언? 어메리컨?

① 이 근처에 맛있는 레스토랑은 없습니까?

② 이 도시에 한국식 레스토랑은 있습니까?

③ 해산물을 먹고 싶은데요.

④ 그건 어디에 있습니까?

⑤ 이 근처에 있습니까?

⑥ 이 지도의 어디에 있습니까?

⑦ 택시로 몇 분 걸립니까?

필수 단어

가까운	near	니어
먼	far	화
프랑스 요리점	French restaurant	프렌치 레스터런
이탈리아 요리집	Italian restaurant	이탤리언 레스터런
중화요리점	Chinese restaurant	차이니즈 레스터런
고장 요리	local food	로컬 푸드
편리한	convenient	컨비니언
~을 찾다	~look for	~룩 휘

필수 표현

① Is there a good restaurant around here?
이즈 데어러 굿 레스터런 어라운드 히어?

② Do you have a Korean restaurant?
두 유 해버 코리언 레스터런?

③ I'd like to have some seafood.
아이드 라익 투 해브 썸 씨푸드.

④ Where is it located?
웨어리짓 로케이티드?

⑤ Is it near here?
이짓 니어 히어?

⑥ Would you show me on this map?
우쥬 쇼 미 온 디스 맵?

⑦ How many minutes by taxi?
하우 메니 미닛 바이 택시?

식당에서

식당을 예약할 때

어디서 무엇을 먹을 것인가는 여행 중에 매우 중요한 부분이다. 대부분의 식당은 예약을 하지 않아도 되지만, 유명한 식당이라면 예약을 해두는 게 좋다.

◐ 여보세요. 오늘밤 7시에 10인석 테이블을 예약하고 싶습니다.
Hello, I'd like to reserve a table for ten at 8:00p.m. tonight.
헬로우, 아이드 라익 투 리저버 테이블 훠 텐 앳 에잇 피엠 투나잇.

◑ 성함이 어떻게 되시죠?
May I have your name, please?
메- 아이 해뷰어 네임, 플리즈?

① 맛있는 레스토랑을 가르쳐 주세요.

② 그 레스토랑에 예약해 주세요.

③ (접객원) 손님은 몇 분입니까?

④ 오후 6시 반에 5명이 갑니다.

⑤ 디너라면 얼마 정도입니까?

⑥ 복장에 대해서 규제는 있습니까?

⑦ 그럼, 9시 반으로 부탁합니다.

필수 단어

식당	restaurant	레스터런
장소	location	로케이션
예약	reservation	레저베이션
예산	budget	버짓
취소하다	cancel	캔쓸
인원 수	party	파티
시내지도	city map	씨티 맵
표시를 하다	mark	마크

필수 표현

① Would you recommend us a good French restaurant?
우쥬 레커멘 어서 굿 후렌치 레스터런?

② Make a reservation for the restaurant, please.
메이커 레저베이션 훠 더 레스터런, 플리즈.

③ How large is your party?
하우 라지 이쥬어 파티?

④ Five persons at 6:30p.m.
화이브 퍼슨스 앳 식스 써티 피엠.

⑤ How much do we need for the dinner?
하우 머치 두 위 니드 훠 더 디너?

⑥ Is there a dress code?
이즈 데어러 드레스 코더?

⑦ At 9:30p.m, then.
앳 나인 써티 피엠, 댄.

식당에서

식당 입구에서 테이블까지

식당 입구에 안내할 때까지 기다려 달라는 표시가 있으면, 그 자리에서 안내원이 올 때까지 기다려야 한다.

◐ 예약을 하지 않았는데, 자리가 있습니까?
   We didn't make a reservation, but do you have a table for us?
   위 디든 메이커 레저베이션, 벗 두 유 해버 테이블 풔 어스?

◐ 잠깐만 기다리세요.
   Just a minute, please?
   져슷 미닛, 플리즈?

---

① 예약했습니다.

② 예약은 하지 않았습니다.

③ (안내인) 몇 분이십니까?

④ 금연석을 부탁합니다.

⑤ (안내인) 지금 자리가 다 찼는데요.

⑥ 어느 정도 기다립니까?

⑦ 그럼, 기다리겠습니다.

필수 단어

해산물	seafood	씨푸드
고기	meat	밋
생선	fish	피쉬
가금(家禽)	poultry	포울트리
오늘 특별요리	today's special	투데이즈 스페셜
정식	set menu	셋 메뉴
전채	appetizer	애퍼타이져
전채접시	assorted appetizers	어소티드 애퍼타이즈

필수 표현

① I have a reservation.
아이 해버 레저베이션.

② I don't have a reservation.
아이 돈 해버 레저베이션.

③ How many of you, sir?
하우 메니 오뷰, 써?

④ Non-smoking section, please.
난 스모킹 섹션, 플리즈.

⑤ No tables are available now.
노 테이블즈 아 어벨류어블 나우.

⑥ How long do we have to wait?
하우 롱 두 위 해브 투 웨잇?

⑦ We'll wait, then.
위얼 웨잇, 댄.

식당에서

음식을 주문할 때(1)

테이블에 앉으면 먼저 무엇을 마실 것인지 물어오는 경우가 많으므로 무엇을 먹을 것인지 정하기 전에 생각해두는 게 좋다.

◐ 메뉴 좀 볼 수 있을까요?
  Can I see the menu, please?
  캐나이 씨 더 메뉴, 플리즈?

◐ 메뉴 여기 있습니다, 손님.
  Here's our menu, sir.
  히어즈 아워 메뉴, 써.

---

① (웨이터) 주문을 받아도 될까요?

② 좀더 기다려 주세요.

③ (웨이터를 부르며) 주문을 하고 싶은데요.

④ (웨이터) 마실 것은 무얼로 하시겠습니까?

⑤ 이걸 부탁합니다.

⑥ 이것과 이것을 부탁합니다.

⑦ 저도 같은 걸 부탁합니다.

필수 단어

주문	order	오더
웨이터	water	워러
맛	taste	테이슷
달콤한, 단	sweet	스윗
시큼한, 신	sour	쏘우어
매운	hot	핫
짠	salty	쏠티
쓴, 괴로운	bitter	비터

필수 표현

① Are you ready to order?
   아 유 레디 투 오더?

② We need a little more time.
   위 니더 리들 모 타임.

③ We are ready to order.
   위 아 레디 투 오더.

④ What would you like to drink?
   왓 우쥬 라익 투 드링?

⑤ I'll take this one.
   이일 테익 디스 원.

⑥ This and this, please.
   디스 앤 디스, 플리즈.

⑦ I'll have the same.
   이일 해브 더 쎄임.

식당에서

음식을 주문할 때 (2)

유럽이나 미국에서의 요리 양은 우리가 먹기에 너무 많은 경우가 있다. 둘이서 나눠 먹고 싶을 때는 We'd like to share the dish.라고 하면 된다.

◐ 요리는 어떻게 익혀 드릴까요?
   How would you like it?
   하우 우쥬 라이킷?

◑ 바짝 익혀 주세요.
   Well-done, please.
   웰던, 플리즈.

① 추천 요리는 무엇입니까?

② 무엇이 빨리 됩니까?

③ 이건 어떤 맛입니까?

④ (웨이터) 다른 주문은 없습니까?

⑤ 아니오, 그게 전부입니다.

⑥ (웨이터) 디저트는 어떻게 하시겠습니까?

⑦ 필요 없습니다. 배가 부릅니다.

필수 단어

조미료	seasoning	시즈닝
설탕	sugar	슈거
소금	salt	솔트
후추	pepper	페퍼
식초	vinegar	비니거
겨자	mustard	머스타드
마늘	garlic	갈릭
와인	wine	와인

필수 표현

① What's your suggestion?
왓츄어 서제스쳔?

② What can you serve quickly?
왓 캔뉴 써브 퀵클리?

③ What's the taste?
왓츠 더 테이슷?

④ Anything else?
에니씽 엘스?

⑤ No, that's all.
노, 댓츠 올.

⑥ What would you like to have for dessert?
왓 우쥬 라익 투 해브 훠 디저트?

⑦ No, thank you. I'm so full.
노, 땡큐. 아임 쏘 풀.

식당에서

식사 중에

보통 종업원의 고정급은 그다지 높지 않다. 그래서 팁으로 급료를 보충하는 경우가 많으므로 자신의 테이블 손님에게 열심히 서비스를 한다.

◐ 디저트는 어떤 걸 드릴까요?
  What would you like for dessert?
  왓 우쥬 라익 훠 디저트?

◑ 초콜릿 아이스크림으로 주세요.
  I'll have chocolate ice cream, please?
  이일 해브 쵸콜릿 아이스 크림, 플리즈?

① 겨자는 있습니까?

② 이건 어떻게 먹으면 됩니까?

③ (요리에 대해 물을 때) 맛있게 먹고 있습니다.

④ 이건 맛있습니다.

⑤ 요리를 나눠 먹고 싶습니다.

⑥ 빵을 좀더 주세요.

⑦ 디저트 메뉴는 있습니까?

필수 단어

디저트	desserts	디져트
수프	soup	쑤웁
야채요리	cooked vegetables	쿠키드 베지터블즈
샐러드	salad	샐러드
빵	bread	브레드
샌드위치	sandwiches	샌드위치
오믈렛	omelette	오믈릿
음료	beverages	비버리지

필수 표현

① **Do you have mustard?**
두 유 해브 머스타드?

② **How do I eat this?**
하우 두 아이 잇 디스?

③ **We're enjoying our dinner.**
위아 엔죠잉 아워 디너.

④ **This is good!**
디씨즈 굿!

⑤ **We'd like to share the dish.**
위드 라익 투 쉐어 더 디쉬.

⑥ **Can I have more bread?**
캐나이 해브 모어 브레드?

⑦ **Do you have a dessert menu?**
두 유 해버 디져트 메뉴?

식당에서

식당에서의 트러블

식당에서 불만이 있을 때 큰소리로 떠들지 않도록 한다. 다른 사람에게 폐가 되므로 부드러운 어조로 문제를 제기하도록 한다.

◐ 이건 제가 주문한 게 아닌데요.
This is not what I ordered.
디씨즈 낫 워라이 오더.

◐ 아, 죄송합니다. 뭘 주문하셨죠?
Oh, sorry. What did you order?
오, 쏘리. 왓 디쥬 오더?

① 아직 시간이 많이 걸립니까?

② 조금 서둘러 주세요.

③ 아직 요리가 안 나오는데요.

④ 이건 주문하지 않았습니다.

⑤ 수프에 뭐가 들어 있어요.

⑥ 주문을 바꿔도 될까요?

⑦ 주문을 취소하고 싶은데요.

필수 단어

늦은	late	래잇
주문하다	order	오더
다시 한번	again	어게인
잘못,	mistake	미스테익
변명	excuse	익스큐즈
불평	complain	컴플레인
부르다	call	콜
이해하다	understand	언더스탠드

필수 표현

① Will it take much longer?
윌릿 테익 머치 롱거?

② Would you rush my order?
우쥬 러시 마이 오더?

③ We're still waiting for our food.
위어 스틸 웨이팅 훠 아워 푸드.

④ I didn't order this.
아이 디든 오더 디스.

⑤ There's something in the soup.
데어즈 썸씽 인 더 쑤웁.

⑥ Can I change my order?
캐나이 체인쥐 마이 오더?

⑦ I want to cancel my order.
아 원투 캔쓸 마이 오더.

식당에서

식당에서의 계산

음식값을 지불할 때 현금으로 하는 경우는 별 문제가 없지만, 현금 이외에 여행자수표나 신용카드로 지불할 때는 지불이 가능한지를 미리 물어보도록 한다.

◐ 이 신용카드 받습니까?
  Do you accept this credit card?
  두 유 억쎕 디스 크레딧 카드?

◐ 물론입니다. 상관없습니다. 여기에 서명해 주시겠어요?
  Sure. No problem. Could you sign here, please?
  슈어. 노 플라블럼. 쿠쥬 싸인 히어, 플리즈?

---

① 계산서를 부탁합니다.

② 따로따로 지불을 하고 싶은데요.

③ 남은 요리를 가지고 가고 싶은데요.

④ (청구서를 보고) 봉사료는 포함되어 있습니까?

⑤ 청구서에 잘못 된 것이 있습니다.

⑥ 이건 주문하지 않았습니다.

⑦ 거스름돈이 틀립니다.

필수 단어

청구서	check, bill	첵, 빌
봉사료	service charge	써비스 차쥐
거스름돈	change	체인쥐
지불하다	pay	페이
합계금액	sum	썸
계산	calculation	캘큐레이션
확인하다	check	첵
정확한, 맞은	correct	커렉트

필수 표현

① Check, please.
첵, 플리즈.

② Separate checks, please.
쎄퍼레잇 첵, 플리즈.

③ Do you have a dogy bag?
두 유 해버 더기 백?

④ Is it including the service charge?
이즈 잇 인클루딩 더 써비스 차쥐?

⑤ There's a mistake in the bill.
데어져 미스테익 인 더 빌.

⑥ I didn't order this.
아이 디든 오더 디스.

⑦ I got the wrong change.
아 갓 더 롱 체인쥐.

패스트푸드점에서

패스트푸드점에서는 보통 가게에서 먹을 것인지 아니면 가지고 갈 것인지 묻는 경우가 많다. 거기서 먹을 경우에는 For here.라고 하면 된다.

◐ 여기서 드실 겁니까, 가지고 가실 겁니까?
   For here or to go?
   훰 히어러 투 고?

◐ 가지고 갈 겁니다.
   To go, please.
   투 고, 플리즈.

① 이 근처에 패스트푸드점은 있습니까?

② 햄버거 2개와 중간 사이즈 콜라 2개 주세요.

③ 여기서 먹겠습니다(가지고 가겠습니다).

④ (요리를 가리키며) 이걸 샌드위치에 넣어 주세요.

⑤ (샌드위치는) 하얀 빵으로 부탁합니다.

⑥ (주문은) 이게 전부입니다.

⑦ 이 자리는 비어 있습니까?

필수 단어

패스트푸드점	fast food store	패슷 푸드 스토어
경식당	delicatessen	델리케이테쎤
피자점	pizzeria	피쩌리아
프라이드치킨	fried chicken	후라이드 치킨
타코스(옥수수빵)	tacos	타코스
포테이토 프라이	french fries	후렌치 후라이스
아침식사 메뉴	breakfast menu	블랙퍼슷 메뉴
카페테리아	cafeteria	카페테리아

필수 표현

① Is there a fast food store around here?
이즈 데어러 패슷 푸드 스토어 어라운 히어?

② Two hamburgers and two medium cokes, please.
투 햄버거즈 앤 투 미디움 코크스, 플리즈.

③ For here(To go), please.
풔 히어(투 고), 플리즈.

④ Put this in the sandwich, please.
풋 디쓴 더 샌위치, 플리즈.

⑤ I'd like white bread.
아이드 라익 화잇 브레드.

⑥ That's all.
댓츠 올.

⑦ Is this seat taken?
이즈 디스 씻 테이컨?

바에서

유럽이나 미국에서는 바(bar)라는 장소에 여자만이 가는 경우는 그다지 없다. 여자가 가는 경우에는 남자가 에스코트를 해서 가는 경우가 보통이다.

◐ 한 잔 더 하시겠습니까?
　Would you like one more drink?
　우쥬 라익 원 모어 드링?

◐ 감사합니다. 조금만 주세요.
　Thank you. Just a touch.
　땡큐. 져숫 터치.

① 어디 맥주가 있습니까?

② 생맥주 두 개 주세요.

③ 물을 탄 스카치를 두 개 주세요.

④ 무슨 먹을 것은 있습니까?

⑤ 건배! 건강을 위해!

⑥ 한 잔 더 주세요.

⑦ 제가 내겠습니다.

필수 단어

위스키	on the rocks	온 더 락스
생맥주	draft beer	드랩트 비어
흑맥주	stout	스타웃
고장 맥주	local beer	로컬 비어
칵테일	cocktail	칵테일
술에 취한	drunk	드렁크
숙취	hangover	행오버
백포도주	sherry	쉐리

필수 표현

① Which beer do you have?
위치 비어 두 유 해브?

② Two draft beer, please.
투 드랩 비어, 플리즈.

③ Two scotch and waters, please.
투 스카치 앤 워터스, 플리즈.

④ Do you have something to eat?
두 유 해브 썸씽 투 잇?

⑤ Cheers! To your health!
치어즈! 투 유어 헬쓰!

⑥ Another one, please.
어나더 원, 플리즈.

⑦ It's on me, please.
잇츠 온 미, 플리즈.

TOPIC

쇼핑에 관한 정보

짧은 시간에 효율적인 쇼핑을 하려면 살 물건의 리스트를 미리 만들어 두는 것이 좋다. 또 각 도시의 명산물과 선물 품목 및 상점가의 위치 등을 미리 조사해 두는 것도 한 방법이다. 양주, 담배, 향수 등은 공항의 면세점에서 싸게 살 수 있으므로 맨 마지막에 공항에서 사도록 한다. 한정된 시간이긴 하지만 충동구매나, 성급한 구매는 삼가는 것이 좋다. 값이 싼 물건은 별 문제이지만 값이 비싼 물건은 가게에 따라 값도 매우 다르므로 한 집에서 결정하지 말고 몇 집 다녀본 뒤 좋은 것을 선택하는 것이 바람직하다. 특히 보석이나 시계는 신뢰할 만한 가게에서 사도록 해야 한다. 백화점이나 고급 상점은 별도지만 일반적인 선물 가게나 노점 같은 데서는 값을 깎아도 실례가 되지 않는다. 시장 같은 데서는 흥정해 보는 것도 괜찮다.

외국에서 쇼핑을 할 때는 우선 상점의 영업시간에 유의해야 한다. 각국마다 다르지만 보통 토요일 오후와 일요일 축제일에는 휴업이다. 그러나 대부분의 나라에서는 여행자를 상대로 하는 선물 가게는 연중무휴이다.

면세점도 이용하면 유익하다

면세로 쇼핑이 가능한 것은 해외 여행자의 큰 특전이다. 세계의 거의 모든 국제공항의 출국 대합실에는 Duty Free의 간판을 걸고 술, 향수, 담배, 보석, 귀금속 등을 파는 면세점이 있다. 나라나 도시에 따라서는 시내에도 공인 면세점이 있어서 해외 여행자의 인기를 모으고 있다.

쇼핑

쇼핑의 기본 회화 (1)
쇼핑의 기본 회화 (2)
물건값을 흥정할 때
옷가게에서
가방가게에서
여행 소모품점에서
보석 · 액세서리
스포츠 용품점에서
물건의 교환 · 반품
시내 면세점에서

쇼핑의 기본 회화 (1)

여행지에서 산 진귀한 물건을 갖고 있는 것만으로도 기념이 되고, 또한 산 물건을 갖고 돌아와 친구나 가족에게 선물로 주는 것 역시 즐거운 일이다.

◐ 뭘 도와 드릴까요?
  May I help you?
  메- 아이 핼퓨?

◐ 저 카메라를 좀 보고 싶습니다.
  I'd like to see that camera.
  아이드 라익 투 씨 댓 케머러.

---

① (점원) 어서 오십시오.

② 그냥 둘러 보고 있어요.

③ 블라우스를 찾고 있습니다.

④ 저걸 보여 주겠어요?

⑤ 이걸 만져도 됩니까?

⑥ 이건 수제품입니다.

⑦ 소재는 무엇입니까?

필수 단어

모피	fur	훠
손목시계	watch	와치
장난감	toy	토이
카펫	carpet	카핏
부엌용품	kitchenware	키친웨어
수제품	hand-made	핸드메이드
상감세공	inlaid work	인레이드 워크
머그잔	beer mug	비어 먹

필수 표현

① What can I do for you?
왓 캐나이 두 훠 유?

② Just looking.
져슷 루킹.

③ I'm looking for a blouse.
아임 루킹 훠러 블라우스.

④ Would you show me that one?
우쥬 쇼 미 댓 원?

⑤ May I touch this?
메- 아이 터치 디스?

⑥ Is this hand-made?
이즈 디스 핸드 메이드?

⑦ What is this made of?
와리즈 디스 메이드 옵?

쇼핑의 기본 회화 (2)

물건을 사면 특별히 포장을 해주지 않는다. 만약 친구나 가족에게 선물을 하고 싶다면 포장을 부탁하도록 한다.

◐ 뭘 찾고 계십니까?
　What are you looking for?
　와라유 루킹 훠?

◐ 재킷을 찾고 있습니다.
　I'm looking for a jacket.
　아임 루킹 훠러 재킷.

① 이건 얼마입니까?

② 이걸 주세요.

③ (점원) 다른 것은 있습니까?

④ 아니오, 그게 전부입니다.

⑤ 이건 필요 없습니다.

⑥ 마음에 든 것이 없습니다.

⑦ 이 카드(여행자수표)를 쓸 수 있습니까?

필수 단어

민속의상	national costume	내셔널 커스텀
티셔츠	T-shirt	티셔츠
타월	towel	타월
수영복	swimsuit	스윔슷
선글라스	sunglasses	선글래시스
음악상자	music box	뮤직 박스
민예품	folk craft articles	폴크 크랩 아티클즈
문방구	stationery	스태이셔너리

필수 표현

① How much is this?
하우 머치 이즈 디스?

② This one, please.
디스 원, 플리즈.

③ Anything else?
애니씽 엘스?

④ No, that's all.
노, 댓츠 올.

⑤ I don't need this
아이 돈 니드 디스.

⑥ Nothing for me.
낫씽 훠 미.

⑦ Can I use this card(traveler's check)?
캐나이 유즈 디스 카드(트레블러즈 첵)?

쇼핑

물건값을 흥정할 때

백화점이 일류 매장에서는 가격을 깎아 주지 않지만, 여행객을 상대로 하는 선물가게나 개인 상점에서는 가격을 흥정할 수가 있다.

◑ 얼마면 되겠습니까?
How much are you asking?
하우 머치 아 유 애스킹?

◐ 60달러면 사겠습니다.
I'll buy it if it's 60 dollars.
아일 바이 잇 이프 잇츠 식스티 달러즈.

① 너무 비쌉니다.

② 깎아줄래요?

③ 더 싼 것은 없습니까?

④ 깎아주면 살게요.

⑤ 30달러로 안 되겠습니까?

⑥ 제 친구도 여기서 살 생각입니다.

⑦ 이건 다른 가게에서 60달러입니다.

필수 단어

선물가게	souvenir shop	슈비니어 샵
시장	market	마켓
벼룩시장	flea market	플리 마켓
상인	merchant	머천트
교섭	negotiation	니고쉬에이션
도기	ceramics	세라믹스
자수	embroidery	엠브로이더리
유리세공	glass work	글래스 웍

필수 표현

① It's too expensive.
잇츠 투 익스펜시브.

② Can you give me a discount?
캔뉴 깁 미 어 디스카운?

③ Anything cheaper?
애니씽 칩퍼?

④ If you discount I'll buy.
이퓨 디스카운 아일 바이.

⑤ To thirty dollars?
투 써티 달러즈?

⑥ My friend will also buy here.
마이 후렌 윌 올소 바이 히어.

⑦ This is sixty dollars at another store.
디씨즈 씩스티 달러즈 앳 어나더 스토어.

쇼핑

옷가게에서

옷을 사기 전에 몇 번 입어 봐도 뭐라고 하지 않는다. 시간이 있으면 지금까지 입은 적이 없는 색상이나 디자인을 골라서 입어 보는 것도 재미있다.

◐ 이 스타일로 좀더 작은 것은 없습니까?
  Do you have a smaller one of this style?
  두 유 해버 스몰러 원 옵 디스 스타일?

◐ 여기 있습니다.
  Here it is.
  히어 이리즈.

① 재킷은 있습니까?

② 입어 봐도 되겠습니까?

③ 시착실은 어디입니까?

④ 좀더 작은(큰) 것을 부탁합니다.

⑤ 사이즈를 재 주세요.

⑥ 이걸로 내게 맞는 사이즈는 있습니까?

⑦ 색상이 다른 건 있습니까?

필수 단어

옷감	fabrics	홴브릭스
치수	measurements	메쥬어먼트
같은	same	세임
다른	different	디퍼런
꽃 모양	flower print	플라워 프린트
줄무늬	stripe	스트라이퍼
화려한	loud	라우드
수수한	quiet	콰이엇

필수 표현

① Do you have a jacket?
두 유 해버 재킷?

② May I try this on?
메- 아이 트라이 디스 온?

③ Where's the fitting room?
웨어즈 더 피팅 룸?

④ A smaller(larger) one, please.
어 스몰러(라지어) 원, 플리즈.

⑤ Would you measure me?
우쥬 메져 미?

⑥ Do you have this in my size?
두 유 해브 디씬 마이 싸이즈?

⑦ In different colors?
인 디퍼런 컬러즈?

가방가게에서

진열되어 있는 가방을 만져 볼 때는 점원에게 허락을 받는 게 좋다. 갑자기 점포 내에 들어가 허락도 없이 만지면 점원이 인상을 찌푸리는 경우도 있다.

◐ 재질은 무엇입니까?
What is this made of?
와리즈 디스 메이 옵?

◐ 이 가방은 비닐제품으로 매우 튼튼해요.
As this bag is made of vinyl, it's very strong.
애스 디스 백 이즈 메이돕 비닐, 잇츠 베리 스트롱.

① 만져도 됩니까?

② 샤넬 백은 어디에 있습니까?

③ 이 소재는 무엇입니까?

④ 이건 인조 가죽입니까?

⑤ 이 색상으로 다른 모양은 있습니까?

⑥ 이 모양으로 검정색은 있습니까?

⑦ 다른 디자인은 있습니까?

필수 단어

핸드백	handbag	핸드백
숄더백	shoulderbag	쇼울드백
소형가방	second bag	쎄컨 백
보스턴 가방	Boston bag	보스턴 백
돈지갑	billfold	빌폴드
지갑	wallet	월릿
동전지갑	coin purse	코인 퍼스
악어가죽	alligator	엘리게이터

필수 표현

① May I touch this?
메- 아이 터치 디스?

② Where are Chanel bags?
웨어라 샤넬 백스?

③ What material is this?
왓 머터리얼 이즈 디스?

④ Is this artificial leather?
이즈 디스 아티피셜 리더?

⑤ Do you have another type in this color?
두 유 해브 어나더 타입 인 디스 컬러?

⑥ Do you have this in black?
두 유 해브 디쓰 블랙?

⑦ Do you have any other designs?
두 유 해브 애니 아더 디자인스?

여행 소모품점에서

샴푸나 칫솔 등의 여행지에서 쓰는 일용품을 현지에서 살 때는 숙박지 근처의 슈퍼나 할인점에 가서 구입하면 된다.

◐ 립스틱을 하나 사려고 하는데요.
   I'd like to buy lipstick.
   아이드 라익 투 바이 립스틱.

◑ 이건 어떠세요?
   How about this?
   하우바웃 디스?

① 칫솔은 어디에 있습니까?

② 손톱깎이는 있습니까?

③ 필름은 어디서 살 수 있습니까?

④ 36판 필름 1통 주세요.

⑤ 이것과 같은 전지는 있습니까?

⑥ 일회용 카메라는 있습니까?

⑦ 이 근처에 즉석 현상소는 있습니까?

필수 단어

선탠오일	suntan oil	썬탠 오일
화장품	cosmetics	커스메틱스
립스틱	lipstick	립스틱
티슈	tissue	티슈
밴드	Band-Aid	밴드 에이드
치약	toothpaste	투쓰페슷
우산	umbrella	엄브렐러
전지	battery	배러리

필수 표현

① Where are the toothbrushes?
웨어라 더 투쓰브러쉬스?

② Do you have nail clippers?
두 유 해브 내일 클리퍼스?

③ Where can I buy film?
웨어 캐나이 바이 휠름?

④ A film of 36 exposures.
어 휘름 옵 써티식스 익스포우져.

⑤ Do you have the same battery as this?
두 유 해브 더 쎄임 배러리 애즈 디스?

⑥ Do you have disposable cameras?
두 유 해브 디스포져블 케머러즈?

⑦ Is there a quick photo service near here?
이즈 데어러 퀵 포토 써비스 니어 히어?

쇼핑

보석 · 액세서리

면세점에서 취급하고 있는 브랜드 이외에 멋지고 세련된 것이 얼마든지 많다. 백화점이나 전문 보석점을 돌아다니며 쇼핑하는 것도 큰 즐거움이다.

◐ 이것은 몇 캐럿입니까?
How many carats is this?
하우 메니 캐럿츠 이즈 디스?

◑ 1캐럿 루비입니다.
This one is a one carat ruby.
디스 원 이져 원 캐럿 루비.

① 보석 매장은 어디죠?

② 이 돌은 무엇입니까?

③ 이 팔찌를 보여 주세요?

④ 왼쪽에서 두 번째 것을 보여 주세요.

⑤ 이건 24K입니다.

⑥ 보증서는 있습니까?

⑦ 선물용으로 포장해 주세요.

필수 단어

보석	jewel	쥬얼
타이핀	tie clip	타이 클립
탄생석	birth stone	버쓰 스톤
진주	pearl	펄
루비	ruby	루비
목걸이	necklace	넥클리스
귀걸이	clip-on earrings	클립폰 이어링스
브로치	brooch	브로우치

필수 표현

① Where's the jewelry department?
웨어즈 더 쥬얼리 디파트먼?

② What's this stone?
왓츠 디스 스톤?

③ Show me this bracelet?
쇼 미 디스 블레이스릿?

④ Second one form the left, please.
쎄컨 원 훰 더 랩트, 플리즈.

⑤ Is this 24 carat gold?
이즈 디스 퇴니포 캐럿 골드?

⑥ Is this with a guarantee?
이즈 디스 위더 개런티?

⑦ Wrap it as a gift, please.
랩 애져 깁트, 플리즈.

스포츠 용품점에서

여행자 중에 스포츠를 좋아한다면 전문 상가에 들러 쇼핑을 하는 게 좋다. 특히 골프 용품 같은 것은 다양한 브랜드가 구비되어 있다.

◐ 이 근처에 골프 용품점은 있습니까?
   Is there a golf goods shop?
   이즈 데어러 골프 굿즈 샵?

◐ 이 백화점 안에 있습니다.
   There's one in this department store.
   데어즈 원 인 디스 디파트먼 스토어.

---

① 이 근처에 스포츠 용품점은 있습니까?

② 이 쇼핑몰 안에 있습니다.

③ 부기보드를 찾고 있습니다.

④ 워킹 슈즈는 있습니까?

⑤ 좀더 작은 것은 있습니까?

⑥ 이게 딱 맞습니다.

⑦ 이걸 주세요.

필수 단어

골프 용품	golf goods	골프 굿즈
아웃도어 용품	outdoor goods	아웃도어 굿즈
낚시 용품	fishing tackle	휘싱 태클
스키	ski goods	스키 굿즈
테니스	tennis goods	테니스 굿즈
서프보드	surfboard	서프보드
스포츠 용품	sporting goods	스포팅 굿즈
부기보드	boogie board	부기 보드

필수 표현

① Is there a sporting goods shop?
이즈 데어러 스포팅 굿즈 샵?

② There's one in this mall.
데어즈 원 인 디스몰.

③ I'm looking for a boogie board.
아임 루킹 훠러 부기 보드.

④ Do you have walking shoes?
두 유 해브 워킹 슈즈?

⑤ Do you have a smaller one?
두 유 해버 스몰러 원?

⑥ It fits just right.
잇 핏츠 져숫 라잇.

⑦ This one please.
디스 원 플리즈.

쇼핑

물건의 교환·반품

구입한 물건에 흠집이 있거나 찢어진 것이 있으면 구입한 곳에 가서 사정을 이야기하고 교환을 받거나 반품을 하도록 한다.

◐ 이걸 교환해 주시겠어요?
　Can I exchange this?
　캐나이 익스체인쥐 디스

◑ 물론이죠. 영수증 가시고 계십니까?
　Yes, of course. Do you have the receipt?
　예스, 옵 코스. 두 유 해브 더 리씻?

① 이걸 교환해 주었으면 하는데요.

② 이 스커트를 환불받고 싶은데요.

③ 어디로 가면 됩니까?

④ (물건을 보이며) 때가 묻었습니다.

⑤ 깨져 있습니다.

⑥ 찢어있습니다.

⑦ 여기에 영수증이 있습니다.

필수 단어

교환	exchange	익스체인쥐
반품	refund	리펀드
흠집이 난	scratched	스크래치트
터진	unraveled	언래이블드
금	crack	크랙
어제	yesterday	예스터데이
지금	now	나우
내일	tomorrow	투마로우

필수 표현

① I'd like to exchange this.
아이드 라익 투 익스체인쥐 디스.

② I'd like a refund for this skirt.
아이드 라이커 리펀드 휘 디스 스컷.

③ Where should I go?
웨어 슈다이 고?

④ It's dirty.
잇츠 더티.

⑤ It's broken.
잇츠 브로컨.

⑥ It's ripped.
잇츠 립피드.

⑦ Here's the receipt.
히어즈 더 리씻.

쇼핑

시내 면세점에서

면세점에 들어가려면 탑승권을 보여야 한다. 산 물건은 물건에 따라 현지에서 건네받는 것도 있고, 한국에서 인도받는 것도 있다.

◐ 주류를 사고 싶은데요.
  I'd like to buy some liquor.
  아이드 라익 투 바이 썸 리큐어.

◑ 여권을 보여 주십시오.
  May I see your passport?
  메- 아이 씨 유어 패스폿?

① 면세점은 어디에 있습니까?

② 이 립스틱을 주세요.

③ 신용카드로 지불하겠습니다.

④ 이 가게에서 면세로 살 수가 있습니까?

⑤ 얼마 사면 됩니까?

⑥ 어느 정도 환급받나요?

⑦ (세관에서 서류를 보이며) 세금 환급수속을 하고 싶은데요.

필수 단어

세금	tax	텍스
면세	duty free	듀티 프리
환급	tax exemption	텍스 이그젬션
서류	form	휨
제출하다	submit	섭밋
수속	procedure	프로서듀어
세관사무소	customs office	커스텀즈 오피스
면세점	duty free shop	듀티 프리 샵

필수 표현

① **Where's a duty free shop?**
웨어즈 어 듀티 프리 샵?

② **This lipstick, please.**
디스 립스틱, 플리즈.

③ **I'll pay with a credit card.**
아일 페이 위더 크래딧 카드.

④ **Can I buy things duty free here?**
캐나이 바이 씽스 듀티 프리 히어?

⑤ **How much do I have to buy?**
하우 머치 두 아이 해브 투 바이?

⑥ **How much will I be saving?**
하우 머치 윌 아이 비 세이빙?

⑦ **I'd like to apply for tax exemption.**
아이드 라익 투 어플라이 휘 텍스 이그젬션.

관광을 나가기 전에

관광을 하기 전에 대개 현지의 호텔이나 관광 안내소 등에 놓여 있는 그 도시에 관한 지도와 시내 지도를 입수하는 게 좋다. 이 지도에는 보통 관광 요령과 관광 명소 등이 수록되어 있으므로 자신에게 흥미 있는 곳을 체크해 두고 한정된 체류 기간 안에 어떻게 효율적으로 볼 것인가를 생각한다. 시간이 별로 없을 경우에는 우선 관광버스를 타고 돌면서 대충의 윤곽과 물정을 익힌 뒤 자기 마음에 드는 곳을 중점적으로 돌아보는 것도 하나의 방법이다.

그저 막연히 거리를 쏘다녀 보는 것도 한 가지 방법이겠지만, 취미나 목적에 따라 계획을 세워보는 것도 즐거운 여행이 될 것이다.

여행을 안전하게 하려면?

해외 여행은 기후, 시차 및 식사 등의 갑작스러운 변화로 쉽게 피로해져 질병에 감염되기 쉽고, 교통수단 등의 환경 변화로 인한 예측 불허의 사고 요인을 만날 수 있다. 또한 출국 전에 건강 상태를 체크하여 미심쩍은 점은 미리 완전히 치료를 끝마쳐 두어야 한다. 서구의 의료 제도는 거의 분업제로써 병원은 완전 예약제이며, 약국에서 살 수 있는 약은 간단한 외용, 복통, 감기약 등이 있고, 항생제 등은 의사의 처방전이 없으면 구입할 수 없다. 그러므로 여행을 떠날 때 비상약인 위장약, 감기약, 진통제 등은 가지고 가는 것이 좋다.

관광 · 스포츠

미술관에서
사진을 찍을 때
극장 · 콘서트
야간 관광
스포츠 관전
테니스 · 골프
승 마
낚시 · 크루징
해양 스포츠
스 키

미술관에서

미술관은 요일에 따라서 폐관 시간이 다르거나 휴관하는 경우도 있으므로 사전에 알아보고 가는 게 좋다.

◐ 프랑스 초상화가의 작품은 어디에 있습니까?
   Where will I find French portrait painters?
   웨어 윌 아이 파인드 프렌치 포터레잇 페인터즈?

◑ 7번과 8번 방입니다.
   In rooms seven and eight.
   인 룸스 쎄븐 앤 에잇.

---

① 입장료는 얼마입니까?

② 어른 두 장 주세요.

③ 여기는 몇 시에 닫습니까?

④ 르노와르 작품은 어디에 있습니까?

⑤ 여기서 사진을 찍어도 됩니까?

⑥ 플래시를 써도 됩니까?

⑦ 화장실은 어디에 있습니까?

필수 단어

입구	entrance	엔터런스
출구	exit	엑씻
화장실	restroom	레스룸
매점	gift shop	깁트 샵
팸플릿	brochure	브로슈어
작품	works	웍스
입장료	admission fee	어드미션 피
박물관	museum	뮤지움

필수 표현

① How much is the admission?
하우 머치 이즈 더 어드미션?

② Two adults, please.
투 어덜츠, 플리즈.

③ What is the closing time?
와리즈 더 클로징 타임?

④ Where are the works of Renoir?
웨어러 더 웍스 옵 르너와르?

⑤ May I take pictures here?
메- 아이 테익 픽쳐스 히어?

⑥ May I use a flash?
메- 아이 유져 플래쉬

⑦ Where's the restroom?
웨어즈 더 레스룸?

사진을 찍을 때

여행에서 남는 것은 사진밖에 없다고 흔히 말한다. 여행지에서 배경 사진도 중요하지만, 현지인과 함께 인물 사진을 찍는 것도 좋은 추억이 된다.

◐ 저희들 사진 좀 찍어 주시겠어요?
Would you please take a picture for us?
우쥬 플리즈 테이커 픽쳐 훠러스?

◑ 알겠습니다. 웃으세요. 좋습니다.
All right. Smile. Good.
올 라잇. 스마일. 굿.

① 실례합니다!

② 셔터를 눌러 주시겠어요?

③ 당신 사진을 찍어도 됩니까?

④ 함께 사진을 찍읍시다.

⑤ 비디오를 찍어도 됩니까?

⑥ 이 사진을 보내겠습니다.

⑦ 당신 이름과 주소를 써 주시겠어요?

필수 단어

귀여운	pretty	프리티
여행자	tourist	투어리스트
그 고장 사람	local	로컬
플래시 금지	No flash	노 플래쉬
촬영금지	No photographs	노 포토그랩스
카메라	camera	케머러
비디오 카메라	video camera	비디오 케머러
김치!(웃는 표정)	Say cheese!	쎄이 치즈!

필수 표현

① Excuse me!
익스큐즈 미

② Would you push the shutter?
우쥬 푸시 더 셔터?

③ May I take your picture?
메- 아이 테익큐어 픽쳐?

④ Let's take a picture together.
렛츠 테이커 픽쳐 투게더.

⑤ May I use a video camera?
메- 아이 유져 비디오 케머러?

⑥ I'll send you this picture.
아일 샌듀 디스 픽쳐.

⑦ Write down your name and address, please.
라잇 다운 유어 네임 앤 어드레스, 플리즈.

극장 · 콘서트

인기가 있는 콘서트나 영화, 연극 등은 미리 티켓을 구입해 두는 것이 시간과 수고를 덜어준다. 표를 구하지 못했을 경우에는 호텔 프런트에 문의한다.

◐ 그 영화 어땠어요?
What did you think about the movie?
왓 디쥬 씽커바웃 더 무비?

◑ 아주 재미있게 봤어요.
I really enjoyed it.
아이 리얼리 인죠이드 잇.

① 뮤지컬을 보고 싶은데요.

② 이번 주 클래식 콘서트는 없습니까?

③ 표는 어디서 삽니까?

④ 오늘 표는 아직 있습니까?

⑤ 내일 밤 표를 두 장 주세요.

⑥ 몇 시에 시작됩니까?

⑦ 택시로 (극장까지) 몇 분입니까?

필수 단어

매표소	box office	박스 오피스
예매권	advance ticket	언드밴스 티킷
지정석	reserved seat	리져버드 셋
특별석	special seat	스페셜 셋
자유석	non-reserved seat	난 리져버드 셋
좌석안내인	usher	어셔
좌석 열	row	로
휴식	intermission	인터미션

필수 표현

① We'd like to see a musical.
위드 라익 투 씨 어 뮤지컬.

② Are there any classical concerts this week?
아 데어 에니 클래씩컬 콘써츠 디스 위크?

③ Where can I get a ticket?
웨어 캐나이 게러 티킷?

④ Are today's tickets still available?
아 두테이즈 티킷츠 스틸 어벨류어블?

⑤ Two for tomorrow night, please.
투 훠 투마로우 나잇, 플리즈.

⑥ What time does it start?
와 타임 더짓 스땃?

⑦ How many minutes by taxi?
하우 메니 미니츠 바이 택시?

야간 관광

밤에 시내관광을 한다는 것은 매우 즐겁고 흥미로운 일이다. 하지만 아무리 치안이 잘 되어 있어도 범죄가 있는 법, 외국이라는 것을 잊지 말도록 하자.

◐ 쇼는 언제 시작됩니까?
  When does the show start?
  웬 더즈 더 쇼 스땃?

◐ 곧 시작됩니다.
  Very soon, sir.
  베리 쑨, 써.

---

① 인기가 있는 디스코는 어디에 있습니까?

② 그건 안전한 곳에 있습니까?

③ 택시로 몇 분 걸립니까?

④ 그 요리에는 무엇이 포함되어 있습니까?

⑤ (타고 간 택시 운전사에게) 다시 마중 나와 주겠어요?

⑥ 여기에 9시에 와 주세요.

⑦ 택시를 불러 주세요.

필수 단어

치안	safety	세이프티
안전한	safe	세잎
가까운	near	니어
먼	far	화
입장료	admission fee	어드미션 피
식사	meals	미얼즈
마실 것	drinks	드링스
귀가하다	go home	고 홈

필수 표현

① Where's a popular disco?
웨어져 파퓰러 디스코?

② Is it in a safe area?
이즈 잇 이너 세잎 에어리어?

③ How many minutes by taxi?
하우 메니 미닛츠 바이 택시?

④ What does the fee include?
왓 더즈 더 피 인클루드?

⑤ Would you pick us up again?
우쥬 픽커스 업 어게인?

⑥ Pick us up here at nine, please.
픽커스 업 히어 앳 나인, 플리즈.

⑦ Call a taxi for me, please.
콜러 택시 훠 미, 플리즈.

스포츠 관전

스포츠를 좋아하는 사람은 야구나 농구, 풋볼 등을 보러 가는 것도 여행의 즐거움이 될 수 있다. 표는 시합 전에 가면 쉽게 구입할 수가 있다.

◐ 미식축구 경기를 보고 싶습니다.
　I want to see a American football game.
　아이 원투 씨 어 어메리컨 풋볼 게임.

◐ 이번주 일요일에 경기가 있습니다.
　There is a game on this Sunday.
　데어리져 게임 온 디스 썬데이.

① 농구 시합을 보고 싶은데요.

② 축구 시합은 어디서 볼 수가 있습니까?

③ 그건 언제입니까?

④ 그건 어디입니까?

⑤ 표는 구입할 수 있습니까?

⑥ 경기장에 가려면 어떻게 하면 됩니까?

⑦ 시합은 몇 시 무렵에 끝납니까?

필수 단어

시합	game	게임
야구	baseball	베이스볼
농구	basketball	베스킷볼
풋볼	football	풋볼
아이스하키	ice hockey	아이스 핫키
선수	player	플레이어
홈 팀	home team	홈 티임
상대 팀	opposing team	어파징 티임

필수 표현

① I'd like to see a basketball game.
아이드 라익 투 씨 어 베스킷볼 게임.

② Where can I see a soccer game?
웨어 캐나이 씨 어 사커 게임?

③ When is that?
웨니즈 댓?

④ Where is that?
웨어리즈 댓?

⑤ Can I get the tickets?
캐나이 겟 더 티킷츠?

⑥ How can I get to the stadium?
하우 캐나이 겟 투 더 스테디움?

⑦ About what time will it finish?
어바웃 왓 타임 윌릿 피니쉬?

테니스 · 골프

호텔 코트에서 테니스를 하고 싶으면 프런트에서 신청하면 된다. 공용 코트라면 대개 무료로 선착순으로 경기를 할 수가 있다.

● 골프 예약을 해 주시겠어요?
  Can I make a reservation golf?
  캐나이 메이커 레저베이션 골프?

◐ 알겠습니다. 언제 하시겠습니까?
  Surely. When do you want to play golf?
  슈얼리. 웬 두 유 원 투 플레이 골프.

---

① 테니스(골프)를 하고 싶은데요.

② 예약을 부탁합니다.

③ 오늘 플레이할 수 있습니까?

④ (골프) 그린피는 얼마입니까?

⑤ (골프) 그 요금은 카트대도 포함됩니까?

⑥ (골프) 몇 시에 티오프할 수 있습니까?

⑦ (테니스) 이 근처에 공중 코트가 있습니까?

필수 단어

순번	turn	턴
기다리다	wait	웨잇
시작하다	start	스땃
끝나다	finish	피니쉬
왼손잡이	lefty	레프티
(골프) 연습장	driving range	드라이빙 레인지
테니스 코트	tennis court	테니스 코옷
함께	together	투게더

필수 표현

① We'd like to play tennis(golf).
위드 라익 투 플레이 테니스(골프).

② Reservation, please.
레저베이션, 플리즈.

③ Can we play today?
캔 위 플레이 투데이?

④ How much is the green fee?
하우 머치즈 더 그린 피?

⑤ Is it including a cart?
이즈 잇 인클루딩 어 캇?

⑥ When can we tee-off?
웬 캔 위 티오프?

⑦ Is there a public court near here?
이즈 데어러 퍼블릭 콧 니어 히어?

승 마

승마는 우리와는 달리 가볍게 할 수 있는 스포츠이다. 넓은 대자연 속을 말을 타고 달린다는 것은 무척 기분이 좋은 일이다.

◐ 너무 재미있어.
   I'm enjoying it very much.
   아임 인죠잉 잇 베리 머치.

◐ 멋지다!
   Great!
   그레잇!

① 말을 타 보고 싶은데요.

② 저는 초보자입니다.

③ 초보자도 괜찮습니까?

④ 어느 정도 시간을 탑니까?

⑤ 코스는 어디입니까?

⑥ 1시간에 얼마입니까?

⑦ 무척 즐거웠습니다. 고마워요.

필수 단어

고삐	rein	레인
잡다	hold	호울드
죄다	tighten	타잇턴
느슨하다	slacken	슬래컨
안장	saddle	쌔들
목	neck	넥
타다	mount	마운트
내리다	dismount	디스마운트

필수 표현

① I'd like to try horseback riding.
　아이드 라익 투 추라이 호스백 라이딩.

② I'm a beginner.
　아이머 비기너.

③ Is it safe for beginners?
　이짓 세잎 풔 비기너스?

④ How long is the ride?
　하우 롱 이즈 더 라이더?

⑤ Where's the course?
　웨어즈 더 코스?

⑥ How much for an hour?
　하우 머치 풔런 아워?

⑦ I enjoyed it very much. Thank you.
　아이 인죠이딧 베리 머치. 땡큐.

관광 · 스포츠

낚시 · 크루징

낚시는 미리 라이선스가 필요한지 확인하는 게 좋다. 라이선스는 기간에 따라서 다양하며, 낚시도구는 전문매점이나 슈퍼에서 구입할 수 있다.

◐ 고래는 어디 있습니까?
Where's a whale?
웨어저 웨일?

◐ 앗, 저기에 있습니다.
Right over there!
롸잇 오버 데어!

① 라이선스는 금방 받을 수 있습니까?

② 주로 무엇이 잡힙니까?

③ 가이드가 딸린 보트를 부탁합니다.

④ 낚시도구와 미끼도 필요합니다.

⑤ 어떤 종류의 크루징이 있습니까?

⑥ 그 크루징 내용을 가르쳐 주세요.

⑦ 몇 시에 출발합니까(돌아옵니까)?

필수 단어

낚싯대	fishing rod	피싱 롯
줄	line	라인
낚싯봉	sinker	씽커
바늘	hooks	훅스
미끼	bait	바잇
낚시도구	fishing tackle	피싱 태클
선셋크루즈	sunset cruise	썬셋 크루즈
라이선스	license	라이선스

필수 표현

① Can I get a license now?
　캐나이 게러 라이선스 나우?

② What's the main catch?
　왓츠 더 메인 캐치?

③ We need a boat with a guide.
　위 니더 보웃 위더 가이드.

④ We need rental fishing tackle and bait.
　위 니드 랜탈 피싱 태클 앤 바잇.

⑤ What kind of cruising do you have?
　왓 카인돕 쿠루징 두 유 해브?

⑥ What are we going to do in the cruising?
　와라 위 고잉 투 두 인 더 쿠루징?

⑦ What time are we leaving(coming back)?
　왓 타임 아 위 리빙(커밍 백)?

관광·스포츠

해양 스포츠

스쿠버 다이빙을 하려면 PADI 등의 라이선스가 없으면 잠수를 즐길 수가 없다. 그러나 스쿨에서는 4~5일 정도면 라이선스를 취득할 수 있다.

◐ 초보자 포인트는 어디입니까?
　Where's the point for beginners?
　웨어즈 더 포인 훠 비기너즈?

◑ 가르쳐 드리지요.
　I'll show you.
　아일 쇼 유.

---

① 서핑(다이빙)을 하고 싶은데요.

② 라이선스는 가지고 있습니까?

③ 서핑보드를 빌리고 싶은데요.

④ 좋은 다이빙 스쿨을 알고 있습니까?

⑤ 한국어를 아는 스텝은 있습니까?

⑥ 이 포인트에서 주의할 점은 뭡니까?

⑦ 오늘 바람은 어때요?

필수 단어

탈의실	dressing room	드레싱 룸
물안경	water goggles	워러 가글즈
물갈퀴	swimfin	스윔핀
숨을 들이쉬다	breathe in	브래쓰 인
숨을 내뿜다	breathe out	브래쓰 아웃
만조	high tide	하이 타이더
간조	ebb tide	에브 타이더
조류	current	커런트

필수 표현

① I'd like to go surfing(scuba diving).
아이드 라익 투 고 서핑(스쿠버 다이빙).

② I have a diving license.
아이 해버 다이빙 라이선스.

③ I'd like to rent a surfboard.
아이드 라익 투 렌터 서프보드.

④ Do you know any good diving schools?
두 유 노 애니 굿 다이빙 스쿨?

⑤ Do you have a Korean speaking instructor?
두 유 해버 코리언 스피킹 인스트럭터?

⑥ What should we be careful about here?
왓 슛뒤 비 케어플 어바웃 히어?

⑦ How about the wind today?
하우바웃 더 윈드 투데이?

스 키

넓고 긴 코스에서 스키를 탄다는 것은 생각만 해도 기분이 좋은 일이다. 리프트도 우리처럼 오래 기다리는 경우는 그다지 많지 않다.

◐ 초보자용 사면은 어디입니까?
 Where's the slope for beginners?
 웨어즈 더 슬롭 휘 비기너스?

◐ 저 리프트를 타세요?
 Take that lift.
 테익 댓 리프트.

---

① 스키를 타고 싶은데요.

② 레슨을 받고 싶은데요.

③ 스키 용품은 어디서 빌릴 수 있습니까?

④ 2벌 빌리고 싶습니다.

⑤ 짐 보관소는 어디에 있습니까?

⑥ 회수권은 얼마입니까?

⑦ 초보자용 사면은 어디입니까?

필수 단어

초급자	beginners	비기너스
중급자	intermediate skier	인터미디엇 스키어
상급자	advanced skier	언드밴스드 스키어
스키장	skiing ground	스킹 그라운드
스키	ski	스키
스틱	ski poles	스키 폴즈
레슨 요금	tuition	튜션
1일권	one-day ticket	원 데이 티킷

필수 표현

① I'd like to ski.
아이드 라익 투 스키.

② I'd like to take ski lessons.
아이드 라익 투 테익 스키 레슨스.

③ Where can I rent ski equipment?
웨어 캐나이 랜트 스키 이킵먼트?

④ Two pairs, please.
투 페어즈, 플리즈.

⑤ Where's the checkroom?
웨어즈 더 첵룸?

⑥ How much is the coupon ticket?
하우 머치즈 더 쿠폰 티킷?

⑦ Where's the slope for beginners?
웨어즈 더 슬롭 훠 비기너스?

TOPIC

항공기
요즘은 국내는 물론 외국을 여행할 경우 가장 널리 애용되고 있는 것이 항공편이다. 요금이 부담될지 몰라도 신속하고 효율적인 수송 능력과 탁월한 서비스 기능에 의해 누구나 만족을 느끼게 될 것이다.

지하철
지하철이 종횡으로 발달되어 있는 파리, 런던, 뉴욕 같은 데서는 노선표만 가지고 다니면 초행길이라도 충분히 이용할 수 있다. 주로 배낭여행을 할 경우에 이용하기 편리하며, 기차와 연계되는 곳도 있다.

기 차
여행시 안전하고 여유 있는 여행을 즐기려면 가장 낭만이 있는 수단이 철도 여행이다. 왜냐하면 요금이 싼 데다가 각국의 다양한 풍경, 문화, 기후, 인종 등을 한꺼번에 누릴 수 있기 때문이다. 최근에 유럽의 여행객이 가장 널리 애용하는 교통수단이라고 한다.

택시
외국을 여행할 때 초행일 경우 택시를 주로 이용하는 경향이 있는데, 시간적인 제약을 받는 경우라면 가장 손쉬운 교통수단이기는 하나 외국인 관광객에게는 팁을 10~15% 요구하므로 유의해야 한다.

버스
미국이나 유럽에서는 시내에서 뿐만 아니라 장거리 여행에 경제적인 교통수단이 되고 있으며, 다른 나라로 연계되기도 하므로 기차와 함께 널리 애용되고 있다.

교 통

길을 물을 때 (1)
길을 물을 때 (2)
길을 헤맬 때
길을 물어왔을 때
택시를 탈 때
시내버스를 탈 때
지하철을 탈 때
관광버스를 탈 때
열차를 탈 때
열차를 탔을 때
비행기를 탈 때
렌터카를 빌릴 때
드라이브
자동차 트러블

길을 물을 때 (1)

낯선 곳에서 관광을 나갈 때는 호텔의 전화번호나 소재지를 지도에 표시해 두는 게 제일 안전하며, 만약 길을 잃었을 경우에는 택시를 타는 게 좋다.

● 센트럴 파크로 가려면 어떻게 해야 합니까?
   How can I get to Central Park?
   하우 캐나이 겟 투 센추럴 팍?

● 버스를 타시면 됩니다.
   You can take a bus.
   유 캔 테이커 버스.

① 실례합니다!

② (지도를 펼치고) 여기는 어디입니까?

③ 백화점은 어디에 있습니까?

④ 곧장 가세요.

⑤ 두 번째 모퉁이에서 오른쪽으로 도세요.

⑥ 오른쪽에 있습니다.

⑦ 걸어서 몇 분 걸립니까?

필수 단어

이 거리에	on this street	온 디스 스트릿
이쪽	this side	디스 사이드
반대쪽	opposite side	어파짓 사이드
모퉁이에	on the corner	온 더 코너
~의 옆	next to~	넥슷 투~
~의 앞	in front of~	인 프런 톱~
대로	boulevard	브러바드
신호	traffic lights	트래픽 라잇츠

필수 표현

① Excuse me!
익스큐즈 미!

② Where are we now?
웨어라 위 나우?

③ Where's the department store?
웨어즈 더 디파트먼 스토어?

④ Go straight.
고 스트레잇.

⑤ And turn right at the second corner.
앤드 턴 라잇 앳 더 쎄컨 코너.

⑥ It's on your right.
잇츠 온뉴어 라잇.

⑦ How many minutes by walking?
하우 메니 미닛츠 바이 워킹?

교통

길을 물을 때 (2)

외국에서는 주소만 알면 찾고자 하는 건물을 쉽게 발견할 수가 있다. 길이나 지명이 알기 쉽게 표시되어 있으므로 지도를 준비하는 게 잊지 않도록 하자.

◐ 백화점으로 가는 길을 가르쳐 주세요.
   Which way to the department store?
   위치 웨이 투 더 디파트먼 스토어?

◐ 곧장 가서 두 번째 모퉁이에서 왼쪽으로 가십시오.
   Go straight. And turn left at the second corner.
   고 스트레잇. 앤 턴 렙트 앳 더 쎄컨 코너.

---

① 박물관에 가려면 어떻게 하면 좋을까요?

② 역까지 가는 길을 가르쳐 주세요.

③ 여기에서 가깝습니까?

④ 거기까지 걸어서 갈 수 있습니까?

⑤ 거기까지 어느 정도 걸립니까?

⑥ 이 주위에 지하철역은 있습니까?

⑦ 지도에 표시를 해 주세요.

필수 단어

박물관	museum	뮤지움
미술관	art museum	아트 뮤지움
지하철역	subway station	썹웨이 스테이션
철도역	railway station	레일웨이 스테이션
번화가	downtown	다운타운
공중전화	public telephone	퍼블릭 텔러폰
상가	shopping street	쇼핑 스트릿
성	castle	캐슬

필수 표현

① How can I get to the museum?
하우 캐나이 겟 투 더 뮤지움?

② Please tell me the way to the station?
플리즈 텔 미 더 웨이 투 더 스테이션?

③ Is it near here?
이짓 니어 히어?

④ Can I walk there?
캐나이 웍 데어?

⑤ How long does it take?
하우 롱 더짓 테익?

⑥ Is there a subway station around here?
이즈 데어러 썹웨이 스테이션 어롸운 히어?

⑦ Would you mark it please?
우쥬 마킷 플리즈?

교통

길을 헤맬 때

길을 물으면 거의 친절하게 길을 가르쳐 주지만, 치근덕거리며 따라오는 사람에게는 주의하는 게 좋다.

◐ 저는 이 지도의 어디에 있는 겁니까?
  Where am I on this map?
  웨어래마이 온 디스 맵?

◑ 당신은 센트럴 파크 근처인 마침 여기에 있습니다.
  You're right here, near Central Park.
  유어롸잇 히어, 니어 센추럴 팍.

---

① 실례합니다! 이건 무슨 길입니까?

② 어디에 갑니까?

③ 차이나타운에 가는 길입니다.

④ 중앙역은 어느 방향입니까?

⑤ 이 길은 다릅니까?

⑥ 이 지도의 어디에 있습니까?

⑦ 친절을 베풀어 주셔서 감사드립니다.

필수 단어

강	river	리버
다리	bridge	브리지
인도	sidewalk	사이드웍
구둣가게	shoe store	슈 스토어
약국	pharmacy	파머씨
꽃집	flower shop	플라워 샵
담뱃가게	tobacco shop	타바코 샵
방향	direction	디렉션

필수 표현

① Excuse me! What's this street?
  익스큐즈 미! 왓츠 디스 스트릿?

② Where are you going?
  웨어라 유 고잉?

③ We're going to China town.
  위어 고잉 투 차이나 타운.

④ Which direction is central station?
  위치 디렉션 이즈 센츄럴 스테이션?

⑤ Am I on the wrong street?
  애마이 온 더 롱 스트릿?

⑥ Where are we on this map?
  웨어라 위 온 디스 맵?

⑦ It's very kind of you. thank you.
  잇츠 베리 카인도뷰. 땡큐.

교통

길을 물어왔을 때

일본인은 우리와 같은 동양인으로 얼굴이 비슷하여 서양인들은 일본인으로 착각하여 길을 묻는 경우도 없지 않다.

◐ 실례합니다. 센트럴 파크는 멉니까?
　Excuse me. Is Central Park far?
　익스큐즈 미. 이즈 센츄럴 팍 화?

◑ 미안합니다. 저도 여기는 처음입니다.
　Sorry, I'm new here, too.
　쏘리. 아임 뉴 히어. 투.

---

① 미안합니다. 잘 모르겠습니다.

② 저는 여행자입니다.

③ 저도 잘 모르겠습니다.

④ 다른 사람에게 물어보세요.

⑤ 저기에 있는 순경에게 물으면 어떨까요?

⑥ 지도를 가지고 있습니까?

⑦ 당신은 마침 여기에 있습니다.

필수 단어

광장	plaza, square	플라자 스퀘어
분수	fountain	화운틴
교차로	intersection	인터섹션
가로수길	tree-lined street	트리 라인드 스트릿
횡단보도	cross walk	크로스 웍
사원	cathedral	캐더럴
교회	church	처어취
버스 정류소	bus stop	버스 탑

필수 표현

① I'm sorry. I don't know.
아임 쏘리. 아이 돈 노.

② I'm a tourist.
아이머 투어리스트.

③ I'm not sure myself.
아임 낫 슈어 마이쎌.

④ Please ask someone else.
플리즈 애스크 썸원 엘스.

⑤ Why don't you ask the policeman over there?
와이 돈츄 애스크 더 폴리스맨 오버 데어?

⑥ Do you have a map?
두 유 해버 맵?

⑦ You are right here.
유아 롸잇 히어.

교통

택시를 탈 때

택시는 여러 명이서 함께 타면 요금도 저렴하고 문에서 문까지 실어다 주므로 비가 오는 날에는 매우 편리한 교통수단이다.

- 어디로 모실까요?
  Where to, sir?
  웨어 투, 써?
- 시내로 가시죠.
  Downtown, please.
  다운타운, 플리즈.

① 택시 승강장은 어디입니까?

② 다저스 스타디움으로 가 주세요.

③ 여기서 세워 주세요.

④ 거스름돈은 됐습니다.

⑤ 공항까지 가 주세요.

⑥ (택시기사) 어느 항공사입니까?

⑦ 대한항공입니다.

필수 단어

요금	fare	페어
거스름돈	change	체인쥐
택시기사	taxi driver	택시 드라이버
좌석	seat	씻
정원	passenger capacity	패씬져 캐파씨티
트렁크	trunk	트렁크
넣다	put	풋
택시 승강장	taxi stand	택시 스탠드

필수 표현

① Where's the taxi stand?
웨어즈 더 택시 스탠드?

② To Dodger's stadium, please.
투 다져스 스테디움, 플리즈.

③ Stop here, please.
스탑 히어, 플리즈.

④ Keep the change.
킵 더 체인쥐.

⑤ Take me to the airport.
테익 미 투 더 에어폿.

⑥ Which airlines are you taking?
위치 에어라인즈 아유 테이킹?

⑦ Korean Airlines, please.
코리언 에어라인즈, 플리즈.

교통

시내버스를 탈 때

시내버스를 타면 그 자체가 하나의 관광코스가 된다. 외국에서는 거스름돈은 주지 않는 경우가 많으므로 버스를 타기 전에 미리 준비해두는 게 좋다.

◐ 버스 정류소는 어디에 있습니까?
Where's the bus stop?
웨어즈 더 버스탑?

◐ 저쪽 모퉁이에 있습니다.
At the corner over there.
앳 더 코너 오버 데어.

① 산타바바라로 가는 버스 정류소는 어디입니까?

② 어느 버스가 샌디에이고 행입니까?

③ 다음 버스는 몇 시입니까?

④ (버스를 가리키며) 미술관에 갑니까?

⑤ 갈아타야 합니까?

⑥ 도착하면 가르쳐 주세요.

⑦ 여기서 내리겠습니다.

필수 단어

시내버스	city bus	씨티 버스
균일요금	uniform fare	유니펌 페어
환승권	transfer ticket	트랜스퍼 티킷
노선	route	루트
노선도	route map	루트 맵
차장	conductor	컨덕터
버스터미널	terminal	터미널
버스 정류소	bus stop	버스탑

필수 표현

① Where's the bus stop to Santa Barbara?
  에어즈 더 버스탑 투 산타 바바라?

② Which bus goes to San Diego?
  위치 버스 고스 투 샌디에고?

③ When is the next bus?
  웨니스 더 넥슷 버스?

④ To the art museum?
  투 더 아트 뮤지움?

⑤ Do I have to transfer?
  두 아이 해브 투 트렌스퍼?

⑥ Tell me when we arrive there.
  텔 미 웬 위 어롸입 데어.

⑦ I get off here.
  아이 게롭 히어.

교통

지하철을 탈 때

지하철은 많은 사람이 이용하는 교통수단이지만, 밤에는 위험한 곳이 있으며 낮에도 혼자 타는 것은 위험하므로 가능한 피하는 게 좋다.

◐ 어느 선이 센트럴 파크로 갑니까?
　Which line goes to Central Park?
　위치 라인 고우즈 투 센츄럴 팍?

◐ 3호선을 타십시오.
　Take number 3 line.
　테익 넘버 쓰리 라인.

① 이 근처에 지하철역은 없습니까?

② 표는 어디서 살 수 있습니까?

③ 서부역은 무슨 선입니까?

④ 어디서 갈아탑니까?

⑤ 이건 남부역으로 갑니까?

⑥ 북부역은 몇 번째입니까?

⑦ 다음은 어디입니까?

필수 단어

지하철	subway	썹웨이
자동매표기	ticket vending machine	티킷 벤딩 머신
급행	express	익스프레스
보통	local	로컬
갈아타다	transfer	트랜스퍼
출구	exit	엑씻
입구	entrance	엔트런스
승차용 코인	token	토큰

필수 표현

① Is the subway station near here?
이즈 더 썹웨이 스테이션 니어 히어?

② Where can I buy a ticket?
웨어 캐나이 바이 어 티킷?

③ Which track is for West station?
위치 트랙 이즈 훠 웨스트 스테이션?

④ Where should I change trains?
웨어 슈다이 체인쥐 트레인스?

⑤ Is this for south station?
이즈 디스 훠 싸우스 스테이션?

⑥ How many stops are there to North station?
하우 메니 스탑스 아 데어 투 노스 스테이션?

⑦ What's the next station?
왓츠 더 넥스트 스테이션?

교통

관광버스를 탈 때

여행사를 통해서 단체로 여행을 갈 때는 대부분 관광버스를 통해서 여행을 하게 된다. 개인적으로 갈 때는 여행사에 문의하면 된다.

● 시내 관광버스가 있습니까?
Do you have a sightseeing bus of the city?
두 유 해버 싸잇씽 버스 옵 더 씨티?

◐ 네, 있습니다.
Yes, we have.
예스, 위 해브.

---

① 라스베가스를 방문하는 투어는 있습니까?

② 그 투어는 얼마입니까?

③ 점심이 나옵니까?

④ 자유시간은 있습니까?

⑤ 몇 시에 돌아옵니까?

⑥ 투어는 몇 시에 어디에서 시작됩니까?

⑦ 호텔까지 맞이하러 옵니까?

필수 단어

관광버스	sightseeing bus	싸잇씽 버스
관광명소	tourist spot	투어리슷 스팟
시내지도	city map	씨티 맵
무료	free	프리
팸플릿	brochure	브로슈어
집합장소	place of meeting	플레이스 옵 미팅
집합시간	time of the meeting	타임 옵 더 미팅
투어	tour	투어

필수 표현

① Do you have a tour to Las Vegas?
두 유 해버 투어 투 라스베가스?

② How much is the tour?
하우 머치즈 더 투어?

③ Is it including lunch?
이짓 인클루딩 런치?

④ Do we have free time?
두 위 해브 프리 타임?

⑤ What time are we returning?
왓 타임 아 위 리터닝?

⑥ When and where does the tour begin?
웬 앤 웨어 더즈 더 투어 비긴?

⑦ Will you pick us up at the hotel?
윌 유 피커스 업 앳 더 호텔?

교통

열차를 탈 때

유럽이나 미국에서는 큰 역은 하나의 거리 같은 것이다. 출발할 때까지의 시간을 이용하여 식당에서 식사를 즐길 수 있다.

◐ 뉴욕까지 편도 2장 주세요
A one-way ticket to New York, please.
어 원 웨이 티킷 투 뉴욕, 플리즈.

◐ 알겠습니다, 손님. 몇 등석으로 드릴까요?
Okay, sir. Which class do you want?
오케이, 써. 위치 클래스 두 유 원?

① 매표소는 어디입니까?

② 로스앤젤레스까지 편도를 주세요.

③ 9시 급행 표를 주세요.

④ 파리 행 열차는 어디입니까?

⑤ 이건 마드리드 행입니까?

⑥ (표를 보이며) 이 열차입니까?

⑦ 이 열차는 예정대로 출발합니까?

필수 단어

안내소	information office	인포메이션 오피스
매점	news stand	뉴스 스탠드
유실물취급소	lost and fund office	로슷 앤 파운드 오피스
왕복표	return ticket	리턴 티킷
편도표	single ticket	싱글 티킷
환승권	transfer ticket	트랜스퍼 티킷
주유권	round trip ticket	라운 트립 티킷
목적지	destination	데스티네이션

필수 표현

① Where's the ticket window?
웨이즈 더 티킷 윈도우?

② A single to Los Angeles, please.
어 싱글 투 로산젤레스, 플리즈.

③ Tickets on express at nine, please.
티킷츠 온 익스프레스 앳 나인, 플리즈.

④ Where's the train for Paris?
웨어즈 더 트레인 훠 파리스?

⑤ Is this for Madrid?
이즈 디스 훠 마드리드?

⑥ Is this my train?
이즈 디스 마이 트레인?

⑦ Is this train on schedule?
이즈 디스 트레인 온 스케쥴?

교통

열차를 탔을 때

국경을 가로질러 달리는 국제열차는 행선지 별로 여러 차량이 연결되어 있는 경우가 있다. 도중에 분리되어 각기 다른 목적지로 향하므로 주의해야 한다.

◐ 이 열차는 뉴욕 행 맞습니까?
   Is this the right train to New York?
   이즈 디스 더 라잇 트레인 투 뉴욕?

◐ 네, 그렇습니다.
   Yes, it is.
   예스, 이리즈.

① 거기는 제 자리입니다.

② 이 자리는 비어 있습니까?

③ 창문을 열어도 되겠습니까?

④ 식당차는 어디입니까?

⑤ 로마까지 몇 시간입니까?

⑥ (국경을 통과할 때) 여권을 보여 주세요.

⑦ 네, 여기 있습니다.

필수 단어

식당차	dining car	다이닝 카
침대차	sleeping car	슬리핑 카
상단침대	upper berth	엎어 베스
하단침대	lower berth	노워 베스
환승역	junction	정션
도중하차	stop over	스탑 오버
국경	frontier	프론티어
입국관리사무소	immigration office	이미그레이션 오피스

필수 표현

① That's my seat.
댓츠 마이 씻.

② Is this seat taken?
이즈 디씻 테이컨?

③ May I open the window?
메- 아이 오픈 더 윈도우?

④ Where's the dining car?
웨어즈 더 다이닝 카?

⑤ How many hours to Rome?
하우 메니 아워즈 투 롬?

⑥ May I see your passport?
메- 아이 씨 유어 패스폿?

⑦ Here it is.
히어 이리즈.

비행기를 탈 때

외국에서 비행기를 탈 경우도 우리와 별로 다르지 않다. 먼저 이용할 항공사 카운터에 가서 항공권과 여권(다른 나라로 갈 때)을 준비하여 체크인하다.

◐ 뉴욕 행 항공권을 한 장 구입하고 싶습니다.
I'd like to buy a ticket for a flight to New York.
아이드 라익 투 바이 어 티킷 훠러 플라잇 투 뉴욕.

◐ 왕복 티켓으로 드릴까요?
Would you like a round-trip ticket?
우쥬 라익커 라운츄립 티킷?

① 유나이티드 항공 카운터는 어디입니까?

② 지금 체크인할 수 있습니까?

③ 금연석 통로 쪽을 부탁합니다.

④ 이 짐은 기내로 가지고 갑니다.

⑤ 몇 번 게이트로 가면 됩니까?

⑥ 이건 샌디에고 행 게이트입니까?

⑦ 비행은 정각대로 출발합니까?

필수 단어

국제선	international flights	인터네셔널 플라잇
국내선	domestic flights	도메스틱 플라잇
출발시간	departure time	디파춰 타임
창쪽 좌석	window seat	윈도우 씻
통로석	aisle seat	어싸일 씻
선물가게	gift shop	깁트 샵
면세점	duty free shop	듀티 프리 샵
커피숍	coffee shop	코피 샵

필수 표현

① **Where's the United Airlines counter?**
웨어즈 더 유나이티드 에어라인즈 카운터?

② **Can I check in now?**
캐나이 체킨 나우?

③ **An aisle seat in the non-smoking section, please.**
언 어싸일 씻 인 더 난 스모킹 섹션, 플리즈.

④ **This is a carry-on baggage.**
디씨저 캐리온 배기쥐.

⑤ **Which gate should I go to?**
위치 게잇 슈다이 고 투?

⑥ **Is this the gate to San Diego?**
이즈 디스 더 게잇 투 샌디에고?

⑦ **Is the flight on time?**
이즈 더 플라잇 온 타임?

교통

렌터카를 빌릴 때

차를 빌려야 할 경우가 있으면 출발 전에 미리 예약해두는 게 좋다. 수속이 간편하고 원하는 차를 쉽게 빌릴 수 있기 때문이다.

◐ 3일간 차를 빌리고 싶습니다.
I want to rent a car for three days.
아 원투 렌터 카 화 쓰리 데이즈.

◐ 어떤 차종을 원하십니까?
What type of a car would you like?
왓 타입 오퍼 카 우쥴라익?

---

① (공항에서) 렌터카 카운터는 어디입니까?

② (확인서를 제출하며) 예약했습니다.

③ 이게 제 국제면허증입니다.

④ 샌프란시스코에서 차를 놔두고 싶은데요.

⑤ 소형차를 1주일간 빌리고 싶은데요.

⑥ 보증금은 얼마입니까?

⑦ 종합보험을 들어 주세요.

필수 단어

소형차	compact car	컴팩 카
대형차	big car	빅 카
오픈카	convertible	컨버터블
오토매틱	automatic transmission	오토매틱 트랜스미션
에어컨	air conditioner	에어 컨디셔너
운전면허증	driver's license	드라이버즈 라이선스
이니셜	initial	이니셜
사인	signature	시그네춰

필수 표현

① Where's the rent-a-car counter?
웨어즈 더 렌트카 카운터?

② I have a reservation.
아이 해버 레저베이션.

③ Here's my international driver's license.
히어즈 마이 인터내셔널 드라이버즈 라이선스.

④ I'd like to drop it off in San Francisco.
아이드 라익 투 드랍 잇 옵 인 샌프란시스코.

⑤ A compact car for a week, please.
어 컴팩 카 훠러 위크, 플리즈.

⑥ How much is the deposit?
하우 머치즈 더 디파짓?

⑦ With comprehensive insurance, please.
위드 컴프리헨시브 인슈어런스, 플리즈.

드라이브

미국의 고속도로는 남북으로 뻗어 있는 것은 홀수 번호로 표시되어 있고, 동서로 달리는 것은 짝수 번호로 표시되어 있다.

◑ 왜 저를 세우셨습니까?
　Why did you stop me?
　와이 디쥬 스탑 미?

◑ 선생님께서는 제한속도를 위반하셨습니다.
　You exceeded the speed limit.
　유 엑시디더 스피드 리밋.

① 긴급연락처를 가르쳐 주세요.

② 샌디에고는 어느 길을 가면 좋습니까?

③ 5호선으로 남쪽으로 가세요.

④ 곧장입니까, 아니면 왼쪽입니까?

⑤ 몬터레이까지 몇 킬로미터입니까?

⑥ 이 근처에 주유소는 없습니까?

⑦ 레귤러를 가득 채워 주세요.

필수 단어

건널목	Railroad crossing	레일로드 크로씽
언덕	Hill	힐
우회전금지	No right turn	노 롸잇 턴
일시정지	Stop	스탑
진입금지	Do not enter	두 낫 엔터
일방통행	One way	웬 웨이
추월금지	Do not pass	두 낫 패스
양보	Yield	이일드

필수 표현

교통

① Where should I call is case of an emergency?
웨어 슈다이 콜 이즈 케이숍 언 이머전시?

② Which way to San Diego?
위치 웨이 투 샌디에고?

③ Take the 5 south.
테익 더 화이브 싸우스.

④ Straight or to the left?
스트레잇 오어 투 더 래프트?

⑤ How many miles to Monterey?
하우 메니 마일즈 투 몬터레이?

⑥ Gasoline station around here?
개솔린 스테이션 어라운 히어?

⑦ Fill it up with regular, please.
필리럽 위드 레귤러, 플리즈.

자동차 트러블

렌터카 회사의 차는 대부분 잘 정비가 되어 있으므로 고장 따위의 트러블은 별로 없지만, 타이어 교환 정도는 수리할 수 있도록 한다.

◐ 고치는 데 얼마나 걸리겠습니까?
  How soon can you fix it?
  하우 순 캔 유 픽씻?

◑ 이틀이면 되겠습니다.
  In a couple of days.
  이너 커펄럽 데이즈.

---

① 배터리는 떨어졌어요.

② 펑크가 났습니다.

③ 엔진이 안 걸려요.

④ 타이어 공기압을 살펴 주세요.

⑤ 수리할 수 있습니까?

⑥ 차를 돌려드리겠습니다.

⑦ 휘발유를 가득 채워두었습니다.

필수 단어

무연 가솔린	unleaded	언리디드
주유소	gasoline station	개솔린 스테이션
오일교환	oil change	오일 체인쥐
고장	out of order	아우럽 아더
수리공	mechanic	메케닉
배터리	battery	배터리
가론(1가론=4리터)	gallon	갤런
엔진	engine	엔진

필수 표현

① The battery is dead.
더 배터리 이즈 데드.

② I got a flat tire.
아이 가러 플랫 타이어.

③ I can't start the engine.
아이 캔 스땃 디 엔진.

④ Check the tire pressure, please.
첵 더 타이어 프레슈어, 플리즈.

⑤ Can you repair it?
캔뉴 리페어릿?

⑥ I'll return the car.
아일 리턴 더 카.

⑦ I filled up the tank.
아이 필덥 더 탱크.

교통

TOPIC

아플 때

여행을 떠나기 전에 미리 건강상태를 체크해보는 것이 좋다. 건강한 사람이라도 여행 중에는 환경 변화와 피로로 인해 질병을 얻기 쉬우므로 혹시라도 만성적인 질환을 가지고 있다면 검사를 받아보는 것이 안전하다. 외국에서도 우리와 마찬가지로 의사의 처방전이 없이는 약을 살 수 없는 경우가 많으므로 간단한 상비약품 정도는 준비해두는 것이 좋다. 만성질환이 있는 사람이라면 국내의 의사에게 영어로 된 처방전을 받아서 가지고 가는 게 좋다. 만일의 경우 여행지의 의사에게 보이고 처방전을 받아야 할 일이 생길 수도 있기 때문이다.

분실·도난을 당했을 때

여권은 언제나 휴대하고, 귀중품은 항상 프런트에 맡기도록 한다. 도난을 당했을 때는 당황하지 말고 경찰에 즉시 신고하도록 한다.
여권을 분실했을 때는 주재 한국대사관이나 영사관에 가서 재발급을 위한 수속을 해야 한다. 이 때 여권번호, 발행일, 교부지 등에 관한 사항을 재발급 신청서에 기재하여 사진 두 장과 함께 제출해야 하므로 처음에 여권을 발급받았을 때 수첩에 메모해두는 것을 잊지 말아야 한다. 물론 여분의 사진도 미리 준비해 가지고 가는 것이 좋다.
여행자 수표를 분실했을 때는 가장 가까운 곳에 있는 그 발행 은행에 신고하여 분실된 수표의 금액, 번호, 발행 본·지점명, 발행 날짜 등을 제시하고 재발행 신청을 한다.

트러블

의사를 부를 때
증상을 설명할 때 (1)
증상을 설명할 때 (2)
보험과 약
도난을 당했을 때
분실·사고를 당했을 때

의사를 부를 때

큰 호텔에는 의사가 있다. 만약 갑자기 아프거나 다쳤을 때는 침착하게 프런트로 전화를 해서 방 번호와 이름, 증상을 알려주면 곧장 달려온다.

◐ 911 응급구조대입니다. 뭘 도와 드릴까요?
   911 Emergency. May I help you?
   나인 원원 이머전시. 메- 아이 헬퓨?

◐ 응급상황입니다. 제 친구 다리가 부러졌습니다.
   This is an emergency, my friend broke his leg.
   디씨전 이머전시. 마이 프렌드 브로크 히스 레그.

---

① 의사를 불러 주세요.

② 여기는 1106호실입니다.

③ 배가 아픕니다.

④ 어느 정도 기다려야 합니까?

⑤ 서둘러 주세요.

⑥ 병원에 데리고 가 주세요.

⑦ 구급차를 불러 주세요.

필수 단어

의사	doctor	닥터
병	sickness	씩크니스
부상	injuries	인쥬어리스
증상	symptoms	심프텀스
내과의	physician	피지션
외과의	surgeon	서어젼
치과의	dentist	덴티스트
안과의	oculist	오큘리스트

필수 표현

① Would you send for a doctor?
우쥬 샌드 훠러 닥터?

② This is 1106.
디씨즈 원원 제로 식스

③ I have a stomachache.
아이 해버 스토먹.

④ How long must I wait?
하우 롱 머슷 아이 웨잇?

⑤ Could you hurry, please?
쿠쥬 허리, 플리즈?

⑥ Take me to the hospital, please.
테익 미 투 더 하스피털, 플리즈.

⑦ Call an ambulance, please.
코런 엠뷸런스, 플리즈.

트러블

증상을 설명할 때 (1)

여행 중에 걸리기 쉬운 병으로는 설사, 감기가 있다. 이런 약은 미리 준비하여
여행하는 것이 바람직하며, 늘 먹는 약은 한국에서 가지고 가는 게 좋다.

◐ 어디가 아프십니까?
   What's the matter with you?
   왓츠 더 메더 위쥬?

◐ 어젯밤부터 설사 기미도 있고 지금은 열도 있습니다.
   I have had diarrhea since last night.
   아 해브 해드 다이어리어 씬 라숫 나잇.

① (의사) 영어는 할 줄 압니까?

② 조금 합니다.

③ (의사) 어디가 아프세요?

④ 감기에 걸렸습니다.

⑤ 설사가 심합니다.

⑥ 열이 있습니다.

⑦ 이건 한국 의사가 쓴 것입니다.

필수 단어

철액형	blood type	블러드 타입
진찰하다	examine	이그제민
한기	chilly	칠리
현기증	dizzy	디지
온몸	all over	올 오버
출혈	bleeding	브리딩
가려운	itchy	잇치
통증	pain	페인

필수 표현

① Do you speak English?
두 유 스픽 잉글리쉬?

② A little.
어 리들.

③ What's wrong with you?
왓츠 롱 위쥬?

④ I have a cold.
아이 해버 콜드.

⑤ I have bad diarrhea.
아이 해버 배드 다이어리어.

⑥ I have a fever
아이 해버 휘버.

⑦ This is from my doctor in Korea.
디씨즈 훰 마이 닥터 인 코리어.

트러블

증상을 설명할 때 (2)

증상을 설명할 때 중요한 것은 「언제부터, 어디가, 어떻게 되었는지」를 가능한 자세히 설명할 필요가 있다. 다쳤을 때는 어떻게 그렇게 되었는지를 설명한다.

◐ 언제부터 아프셨습니까?
   When did your pain start?
   웬 디쥬어 페인 스땃?

◐ 어젯밤 저녁 식사 후부터입니다.
   After dinner yesterday.
   엡더 디너 예스터데이.

---

① 여기가 아픕니다.

② 식욕이 없습니다.

③ 잠이 오지 않습니다.

④ 토할 것 같습니다.

⑤ 변비가 있습니다.

⑥ 기침이 나옵니다.

⑦ 어제부터입니다.

필수 단어

알레르기	allergy	알러지
식중독	food-poisoning	푸드 포이즈닝
과음	drink too much	드링크 투 머치
과식	eat too much	잇 투 머치
소화불량	indigestion	인다이제스천
신경통	neuralgia	뉴어렐져
두드러기	hives	히브스
폐렴	pneumonia	뉴모우니어

필수 표현

① I have a pain here.
아이 해버 페인 히어.

② I have no appetite.
아이 해브 노 애피타잇.

③ I can't sleep.
아이 캔 슬립.

④ I feel nauseous.
아이 필 노시우스.

⑤ I am constipated.
아엠 컨스티페잇트.

⑥ I have a cough.
아이 해버 코프.

⑦ Since yesterday.
씬스 예스터데이.

트러블

보험과 약

보험을 받기 위해서는 진단서, 치료비 영수증과 명세서가 필요하며, 약은 병원에서 받은 처방전을 가지고 근처의 약국에서 사면 된다.

◐ 이 처방전을 약국으로 가지고 가십시오.
   Take this prescription to the pharmacy.
   테익 디스 프리스크립션 투 더 파머시.

◑ 감사합니다.
   Thank you very much.
   땡 큐 베리 머치.

① 상당히 좋아졌습니다.

② 진단서를 써 주세요.

③ (보험용지를 내밀며) 이 용지에 기입해 주세요.

④ 예정대로 여행해도 상관없습니까?

⑤ (약국에서) 이 처방전의 약을 주세요.

⑥ 이 약은 어떻게 먹습니까?

⑦ 매 식후에 먹으세요.

필수 단어

보험증	insurance policy	인슈어런스 팔리씨
진단서	medical certificate	메디컬 서티피킷
용지	form	훰
처방전	prescription	프리스크립션
약국	pharmacy	파머시
약	medicine	메디슨
매 식전	before every meal	비휘 에브리 밀
매 식후	after every meal	애프터 에브리 밀

필수 표현

① I feel much better now.
아이 필 머치 베더 나우.

② Would you give me a medical certificate?
우쥬 깁미어 메디컬 서티피킷?

③ Fill in this form, please.
필 인 디스 훰, 플리즈.

④ Can I travel as scheduled?
캐나이 트래블 애즈 스케쥴드?

⑤ Fill this prescription, please.
필 디스 프리스크립션, 플리즈.

⑥ How do I take this medicine?
하우 두 아이 테익 디스 메디슨?

⑦ Take them after every meal.
테익 뎀 애프터 에브리 밀.

트러블

도난을 당했을 때

현금을 많이 소지하는 한국인이나 일본인을 노리는 소매치기나 사기단이 많이 있다. 그들 중에는 미인이나 미남으로 신사 같은 사람도 있다.

● 무슨 일이십니까?
  What's the matter with you?
  왓츠 더 메러 위쥬?

● 지갑을 도난당했습니다.
  I was robbed of my purse.
  아이 워즈 롭드 옵 마이 퍼스.

① 도와줘요!

② 소매치기야!

③ 저놈을 잡아 주세요!

④ (주위 사람에게) 경찰을 불러 주세요.

⑤ (치근거린 상대에게) 경찰을 부르겠다!

⑥ 도난신고를 하고 싶습니다.

⑦ (전화번호를 보이며) 한국대사관에 전화해 주세요.

필수 단어

사기	fraud	프라우드
소매치기	snatching	스내칭
치기배	baggage thief	베기쥐 씦
도난	theft	씦
돈 내놔!	Give me your money!	깁 미 유어 머니!
경찰차	police car	폴리스 카
범인	criminal	크리미널
체포하다	arrest	어레스트

필수 표현

① Help!
헬프!

② Pickpocket!
픽포켓!

③ Catch him!
캐취 힘!

④ Call the police.
콜 더 폴리스.

⑤ I'll call the police.
아일 콜 더 폴리스.

⑥ I'd like to report a theft.
아이드 라익 투 리폿 어 씦.

⑦ Please call the Korean embassy.
플리즈 콜 더 코리언 엠베쎄이.

트러블

187

분실·사고를 당했을 때

귀중품 등을 잃어버렸을 경우에는 경찰이나 호텔에 신고해서 분실 증명서를 받아두면 보험금으로 돌아오는 경우가 있으므로 반드시 받아둘 것.

◐ 여행가방을 분실했습니다.
   I lost my suitcase.
   아이 로숫 마이 숫케이스.

◐ 언제 어디서 분실했습니까?
   When and where did you lose it?
   웬 앤 웨어 디쥬 루즈 잇?

① 택시 안에 가방을 두고 왔습니다.

② 여행자 수표를 잃어버렸습니다.

③ 어디서 잃어버렸는지 기억이 안 납니다.

④ 유실물 취급소는 어디입니까?

⑤ 여기서 빨간 가방을 보지 못했습니까?

⑥ 사고를 일으켰습니다.

⑦ 보험 처리가 됩니까?

필수 단어

유실물 취급소	lost and found	로슷 앤 화운드
분실 신고서	lost item report	로슷 이덤 리폿
분실 증명서	missing items form	미씽 이덤 휨
목격자	eye-witness	아이 위트니스
사고	accident	엑시던트
교통사고	breakdown	브레익 다운
구급차	ambulance	앰블런스
보험증	insurance policy	인슈어런스 팔러씨

필수 표현

① I left my bag in a taxi.
아이 레풋 마이 백 이너 택시.

② I've lost my traveler's checks.
아이브 로슷 마이 트레블러즈 첵스.

③ I don't remember where I lost it.
아 돈 리멤버 웨어라이 룻씻.

④ Where is the lost and found?
웨어리즈 더 로슷 앤 화운드?

⑤ Didn't you see a red bag here?
디든츄 씨 어 레드 백 히어?

⑥ I had an accident.
아 해드 언 액시던트.

⑦ Will the insurance cover it?
윌 더 인슈런스 커버릿?

트러블

TOPIC

짐 정리

출발하기 전에 맡길 짐과 기내로 갖고 들어갈 짐을 나누어 꾸리고 토산품과 구입한 물건의 품명과 금액 등에 대한 목록을 만들어 두면 좋다.

예약 재확인

귀국한 날이 정해지면 미리 좌석을 예약해두어야 한다. 또 예약을 해 두었을 경우에는 출발 예정 시간의 72시간 이전에 예약 재확인을 해야 한다. 이것은 항공사의 사무소나 공항 카운터에 가든지 아니면 전화로 이름, 연락 전화번호, 편명, 행선지를 말하면 된다. 재확인을 안 하면 예약이 취소되는 경우도 있으므로 주의해야 한다.

체크인

귀국 당일은 출발 2시간 전까지 공항에 미리 나가서 체크인을 마쳐야 한다.
출국절차는 매우 간단하다. 터미널 항공사 카운터에 가서 여권, 항공권, 출입국카드(입국시 여권에 붙여 놓았던 것)를 제시하면 직원이 출국카드를 떼어 내고 비행기의 탑승권을 준다. 동시에 화물편으로 맡길 짐도 체크인하면 화물 인환증을 함께 주므로 잘 보관해야 한다. 항공권에 공항세가 포함되지 않았을 경우에는 출국 공항세를 지불해야 하는 곳도 있다. 그 뒤는 보안검사, 수화물 X선 검사를 받고 탑승권에 지정되어 있는 탑승구로 가면 된다. 면세품을 사려면 출발 로비의 면세점에서 탑승권을 제시하고 사면 된다.

귀국

항공권예약 재확인
항공편 변경
공항까지
물건을 놓고 왔을 때
탑승 수속
공항 면세점에서
귀국 비행기 안에서

항공권예약 재확인

여행을 마치고 귀국을 위한 준비는 신변용품 정리와 호텔 이용에 따른 각종 요금 계산, 공항까지의 교통편 예약, 항공권 예약의 재확인 등이다.

◐ 예약 재확인을 부탁합니다.
  I would like to make a reconfirmation for my flight.
  아이 우드 라익 투 메이커 리컨퍼메이션 풔 마이 플라잇.

◐ 항공권은 가지고 있습니까?
  Do you have a ticket?
  두 유 해버 티킷?

① 예약은 어디서 합니까?

② 가능한 빠른 편이 좋겠군요.

③ 예약 재확인을 하고 싶은데요.

④ 몇 시에 출발하는지 확인하고 싶은데요.

⑤ 2등석을 부탁합니다.

⑥ 금연석으로 변경할 수 있습니까?

⑦ 예약을 재확인했습니다. 감사합니다.

필수 단어

예약	reservation	레저베이션
재확인	reconfirmation	리컴퍼메이션
금연석	non-smoking seat	난 스모킹 씻
흡연석	smoking seat	스모킹 씻
변경	change	체인쥐
웨이팅(대기자)	waiting	웨이팅
1등석	first class	퍼숫 클래스
2등석	economy class	이카너미 클래스

필수 표현

① Where can I make reservation?
웨어 캐나이 메잌 레저베이션?

② I want to fly as soon as possible?
아이 원츄 플라이 애즈 쑨 애즈 파시블?

③ I want to reconfirm my reservation.
아이 원츄 리컨펌 마이 레저베이션.

④ I want to make sure what time it's leaving.
아 원츄 메잌 슈어 왓 타임 잇츠 리빙.

⑤ Economy-class, please.
이카너미 클래스, 플리즈.

⑥ Can I change it to non-smoking seat?
캐나이 체인짓 투 난 스모킹 씻?

⑦ You're reconfirmed. I see. Thank you.
유어 리컨펌드. 아이 씨. 땡큐.

귀국

항공편 변경

국제선 항공기의 경우에는 늦어도 탑승일 3일전에 재확인를 하되 언제 누구에게 했느냐를 정확히 하여 착오가 없도록 한다.

◐ 일정을 변경하고 싶은데요.
I want to change the flight.
아이 원츄 체인쥐 더 플라잇.

◐ 항공편 넘버와 기존 출발 날짜를 말씀해 주세요.
What's your flight number and the original departure date?
왓츄어 플라잇 넘버 앤 더 오리지널 디파춰 데잇?

① 죄송합니다만, 비행편을 변경하고 싶은데요.

② 15일의 같은 편으로 해 주세요.

③ 650편 예약을 변경하고 싶습니다.

④ 오후 비행기로 변경하고 싶습니다.

⑤ 미안합니다, 그 편은 다 찼습니다.

⑥ 웨이팅(대기자)으로 해 주세요.

⑦ 예약을 취소하고 싶은데요.

필수 단어

취소	cancel	캔쓸
항공편	flight number	플라잇 넘버
항공사	airline agent	에어라인 에이젼
카운터	counter	카운터
여행사	travel agent	트레블 에이젼
항공권	boarding card/pass	보딩 카드/패스
편도 항공권	one way(single) ticket	원 에이(싱글) 티킷
왕복 항공권	round trip(return) ticket	라운 츄립(리턴) 티킷

필수 표현

① Excuse me, I want to change the flight.
익스큐즈 미, 아이 원츄 체인쥐 더 플라잇.

② I'd like to fly on the 15th, on the same flight.
아이드 라익 투 플라이 온 더 피프틴쓰, 온 더 세임 플라잇.

③ I'd like to change my reservation on your flight, number 650.
아이드 라익 투 체인쥐 마이 레저베이션 온뉴어 플라잇, 넘버 식스 피프티.

④ I'd like to change it to an afternoon flight.
아이드 라익 투 체인짓 투 애프터눈 플라잇.

⑤ I'm sorry, but that flight is fully booked up.
아임 쏘리, 벗 댓 플라잇 티즈 풀리 부컵덥.

⑥ Would you put my name on the waiting list?
우쥬 풋 마이 네임 온 더 웨이팅 리스트?

⑦ I'd like to cancel my reservation.
아이드 라익 투 캔쓸 마이 레저베이션.

귀국

공항까지

공항으로 가려면 택시가 가장 편리하다. 그러나 택시를 이용할 경우에는 허가를 받은 정식 택시인지 아니면 무허가 택시인지 잘 확인하고 타야 한다.

◐ 공항까지 부탁합니다.
   To the airport, please.
   투 더 에어폿, 플리즈.

◐ 어느 공항입니까?
   Which airport do you want?
   위치 에어폿 두 유 원?

---

① (택시기사에게) 공항까지 부탁합니다.

---

② 짐은 몇 개입니까?

---

③ 3개입니다. 큰 것은 트렁크에 넣어 주세요.

---

④ 공항까지 어느 정도 걸립니까?

---

⑤ 공항까지 대충 얼마입니까?

---

⑥ 빨리 가 주세요. 늦었습니다.

---

⑦ 어느 항공사입니까?

필수 단어

택시	taxi	택시
리무진 버스	limousine bus	리무진 버스
지하철	subway 쎕웨이
짐	baggage	배기쥐
트렁크	trunk	트렁크
공항	airport	에어폿
늦다	late	레잇
급히 가다	hurry	허리

필수 표현

① Take me to the airport, please.
테익 미 투 더 에어폿, 플리즈.

② How many pieces of baggage?
하우 메니 피즈 오브 배기쉬?

③ Three. Please put the baggage in the trunk.
쓰리. 플리즈 풋 더 배기쥐 인 더 트렁크.

④ How long will it take to get to the airport?
하우 롱 윌 잇 테익 투 겟 투 더 에어폿?

⑤ What is the approximate fare to the airport?
와리즈 더 어프락씨메잇 훼어 투 더 에어폿?

⑥ Please hurry. I'm late, I am afraid.
플리즈 허리. 아임 레잇, 아 엠 어후레이드.

⑦ Which airlines?
위치 에어라인즈?

귀국

물건을 놓고 왔을 때

만약 물건을 놓고 공항으로 갔을 때는 당황하지 말고 호텔로 전화를 하여 물건이 거기에 있는지 확인한 다음 탑승시간에 맞춰야 한다.

◐ 수첩을 두고 왔습니다.
I left my pocket diary in the hotel.
아이 레풋 마이 포켓 다이어리 인 디 호텔.

◐ 그거 안됐군요. 어디에 두었는지 기억합니까?
Oh, that's too bad. Do you remember where you left it?
오, 댓츠 투 베드. 두 유 리멤버 웨어류 레풋 잇?

① 기사님, 호텔로 돌아가 주시겠어요?

② 카메라를 가지러 호텔로 돌아가고 싶습니다.

③ 카메라를 호텔에 놓고 왔습니다.

④ 중요한 것을 놓고 왔습니다.

⑤ 호텔로 전화해서 카메라가 있는지 확인해야 합니다.

⑥ 어디에 두었는지 기억하고 있습니까?

⑦ 서랍에 넣어 두었습니다.

필수 단어

운전수	driver	드라이버
호텔	hotel	호텔
프런트	front	프런트
서랍	drawer	드로워
방	room	룸
기억하다	remember	리멤버
카메라	camera	케머러
수첩	pocket diary	포켓 다이어리

필수 표현

① Driver? Would you go back to the hotel?
드라이버? 우쥬 고 백 투 더 호텔?

② I want to return to the hotel to pick up my camera.
아이 원츄 리턴 투 더 호텔 투 피컵 마이 케머러.

③ I left my camera in the hotel.
아이 래프트 마이 케머러 인 디 호텔.

④ I left something very important there.
아이 래프트 섬씽 베리 임포턴 데어.

⑤ I should call the hotel to find out if my camera is in the hotel.
아이 슛 콜 더 호텔 투 파인 아웃 잎 마이 케머러 이즈 인 디 호텔

⑥ Do you remember where you left it?
두 유 리멤버 웨어류 레프트 릿?

⑦ I put it in the drawer.
아이 풋 잇 인 더 드로워.

귀국

탑승 수속

공항에 도착하면 항공사 카운터에 가서 항공권을 제시하고 짐을 맡긴 뒤 출국검사를 거쳐 지정된 탑승구에서 대기한 후 항공기에 탑승하게 된다.

◐ 탑승권을 보여 주세요.
   May I have your ticket?
   메- 아이 해뷰어 티킷?

◑ 네, 여기 있습니다.
   Yes, here it is.
   예스, 히어 이리즈.

① 여기서 체크인할 수 있습니까?

② 탑승 개시는 몇 시부터입니까?

③ 출국카드는 어디서 받습니까?

④ 꼭 그 비행기를 타야 합니다.

⑤ 짐의 초과요금은 얼마입니까?

⑥ 이것은 기내에 가지고 들어갈 수 있습니까?

⑦ 231편 탑승 게이트는 여기입니까?

필수 단어

체크인	check-in	체킨
출국카드	embarkation card	엠버케이션 카드
여권번호	passport number	패스폿 넘버
항공기 편명	flight number	플라잇 넘버
국제선 출발로비	international departure lobby	인터내셔널 디파춰 로비
탑승권	boarding pass	보딩 패스
탑승구	boarding gate	보딩 게잇

필수 표현

귀국

① Can I check-in here?
캐나이 체킨 히어?

② When is the boarding time?
웬 이즈 더 보딩 타임?

③ Where can I get an embarkation card?
웨어 캐나이 겟 언 엠버케이션 카드?

④ I must catch the flight.
아이 머숏 캐치 더 플라잇.

⑤ How much must I pay for the extra weight?
하우 머치 머숏 아이 패이 훠 더 엑스트라 웨잇?

⑥ Can I carry this in the cabin.
캐나이 캐리 디스 인 더 캐빈.

⑦ Is this the boarding gate for flight 231?
이즈 디스 더 보딩 게잇 훠 플라잇 투 쓰리 원?

공항 면세점에서

모든 출국수속을 마친 후 비행기에 탑승하기 전에 시간이 있으면 미처 사지 못했던 선물을 공항 면세점에서 구입할 수 있다.

◐ 올드 파와 레미 마틴을 주세요.
Would you give me Old Parr and a Remy Martin?
우쥬 깁미 올드 파 앤 더어 레미마틴?

◑ 알겠습니다. 탑승권을 보여 주세요.
Yes, sir. Show me your boarding pass, please.
예, 써. 쇼 미 유어 보딩 패스, 플리즈.

---

① 면세점은 어디에 있습니까?

② 면세로 살 수 있습니까?

③ 시바스리갈 2병 주세요.

④ 한국 돈으로 지불할 수 있습니까?

⑤ 여기서 수취할 수 있습니까?

⑥ 몇 온스까지 면세가 됩니까?

⑦ 담배는 어떻습니까?

필수 단어

면세품	duty free article	듀티 프리 아티클
보석	jewel	쥬얼
손목시계	watch	와치
담배	cigarette	씨가렛
위스키	whisky	위스키
브랜디	brandy	브랜디
화장품	cosmetics	코스메틱스
라이터	lipstick	립스틱

필수 표현

① **Where's the duty-free shop?**
웨어즈 더 듀티 프리 샵?

② **Can I get it tax-free?**
캐나이 겟잇 텍스 프리?

③ **I'd like three Chivas Regal.**
아이드 라익 쓰리 시바스 리갈.

④ **Is it possible to pay in Korean won?**
이짓 파시블 투 페이 인 코리언 원

⑤ **Can I get this here?**
캐나이 겟 디스 히어?

⑥ **How many ounces can be exempted from taxation?**
하우 메니 온스 캔 비 이그젬트 후럼 텍세이션?

⑦ **How about cigarettes?**
하우 어바웃 씨가렛스?

귀국

귀국 비행기 안에서

비행기에 타면 먼저 입국카드를 작성하고, 세관에 신고할 물건이 있으면 신고서를 작성한다. 물론 기내에서도 면세품을 구입할 수가 있다.

- ◐ 입국카드는 가지고 계십니까?
  Do you have an immigration card?
  두 유 해번 이미그레이션 카드?
- ◑ 네, 이것입니다.
  Yes. Here it is.
  예스. 히어 이리즈.

---

① 입국카드 작성법을 모르겠습니다.

② 입국카드 작성법을 가르쳐 주세요.

③ 이것이 세관신고서입니다.

④ 이 세관신고서는 누구라도 다 기입해야 합니까?

⑤ 인천에 언제 도착합니까?

⑥ 제 시간에 도착합니까?

⑦ 목적지는 인천입니까?

필수 단어

입국카드	immigration	이미그레이션
세관신고서	customs declaration form	커스텀즈 디클레이션 훰
현지시간	current local time	커런 로컬 타임
비행시간	flying time	플라잉 타임
도착시간	landing time	랜딩 타임
승무원	crew	크루
스튜어디스	stewardess	스튜어디스
시차	time difference	타임 디훠런스

필수 표현

귀국

① I'm not sure how to fill out the immigration card?
아임 낫 슈어 하우 투 필 아웃 디 이미그레이션 카드?

② Could you explain how to fill out the immigration card to me?
쿠쥬 익스플레인 하우 투 필 아웃 디 이미그레이션 카드 투 미?

③ This is the customs declaration form.
디씨즈 더 커스텀즈 디클레이션 훰.

④ Does everybody have to fill out this customs declaration form?
더즈 에브리바디 햅투 필 아웃 디스 커스텀즈 디클레이션 훰?

⑤ When do we land in Incheon?
웬 두 위 랜드 인 인천?

⑥ Are we arriving on time?
아 위 어라이빙 온 타임?

⑦ Is Incheon your destination?
이즈 인천 유어 데스티네이션?

해외여행 · 출장 · 배낭여행을 위한 가이드북

TRAVEL
여행 영어

- 초판 1쇄 __ 2012년 04월 15일
- 중판 1쇄 __ 2023년 03월 20일

- 편　　저 __ 외국어교재 연구원
- 펴 낸 곳 __ 아이템북스
- 펴 낸 이 __ 박효완
- 출판등록 __ 2001년 8월 7일 제2-3387호
- 주　　소 __ 서울특별시 마포구 동교로 75
- 전　　화 __ 02-332-4327
- 팩　　스 __ 02-3141-4347

※ 파본이나 잘못된 책은 교환해 드립니다.